EL REY ARTURO

LA ESPADA EXCALIBUR DESENVAINADA

UNA

LEYENDA

INGLESA

UNIVERSO EN VIÑETAS™

RELATO POR
JEFF LIMKE

ILUSTRACIONES A
LÁPIZ Y TINTA DE
THOMAS YEATES

ADAPTADO DE
LE MORTE D'ARTHUR
DE SIR THOMAS MALORY

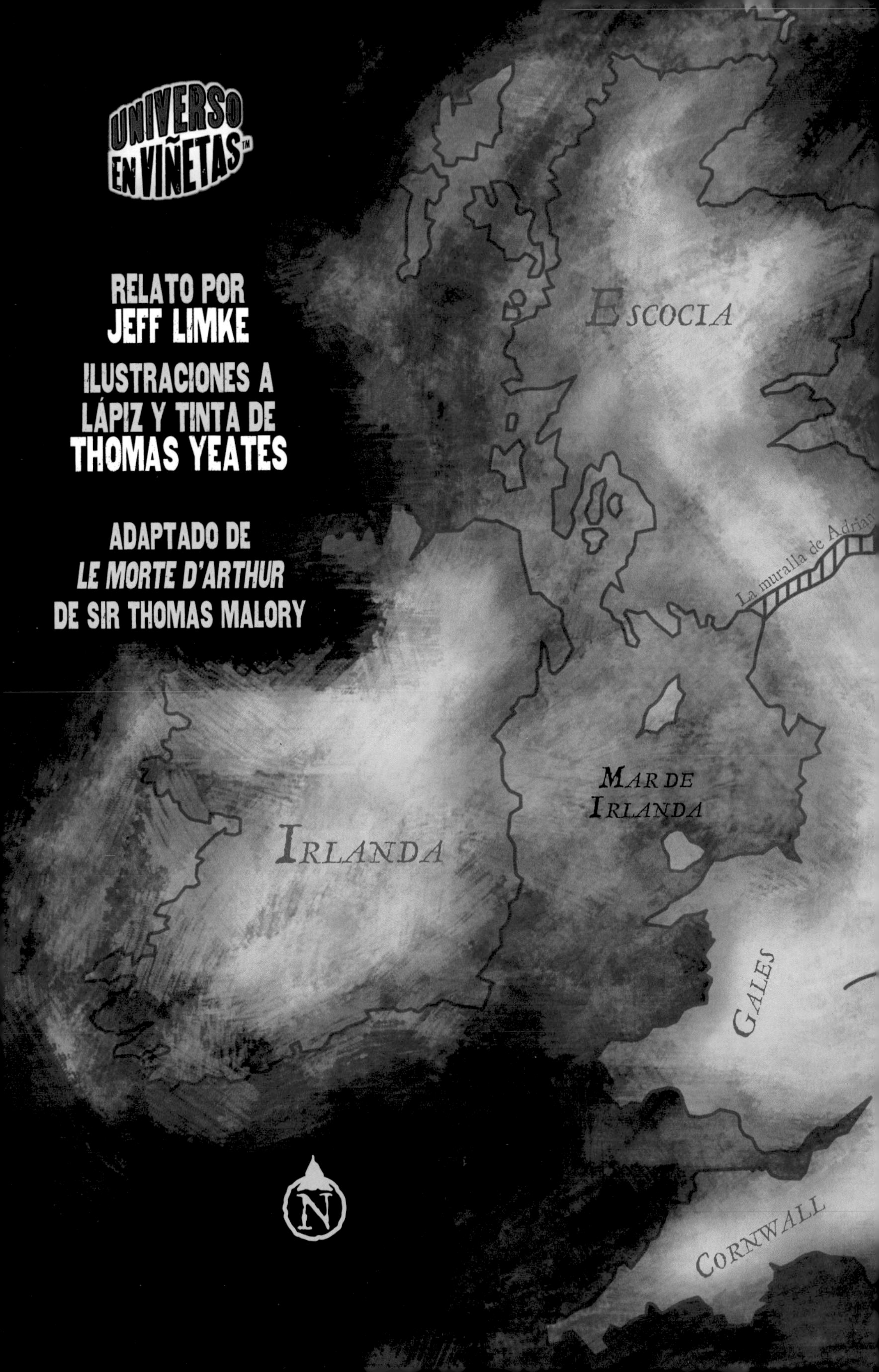
Escocia
La muralla de Adrian
Mar de Irlanda
Irlanda
Gales
Cornwall

EL REY ARTURO

LA ESPADA EXCALIBUR DESENVAINADA

UNA LEYENDA INGLESA

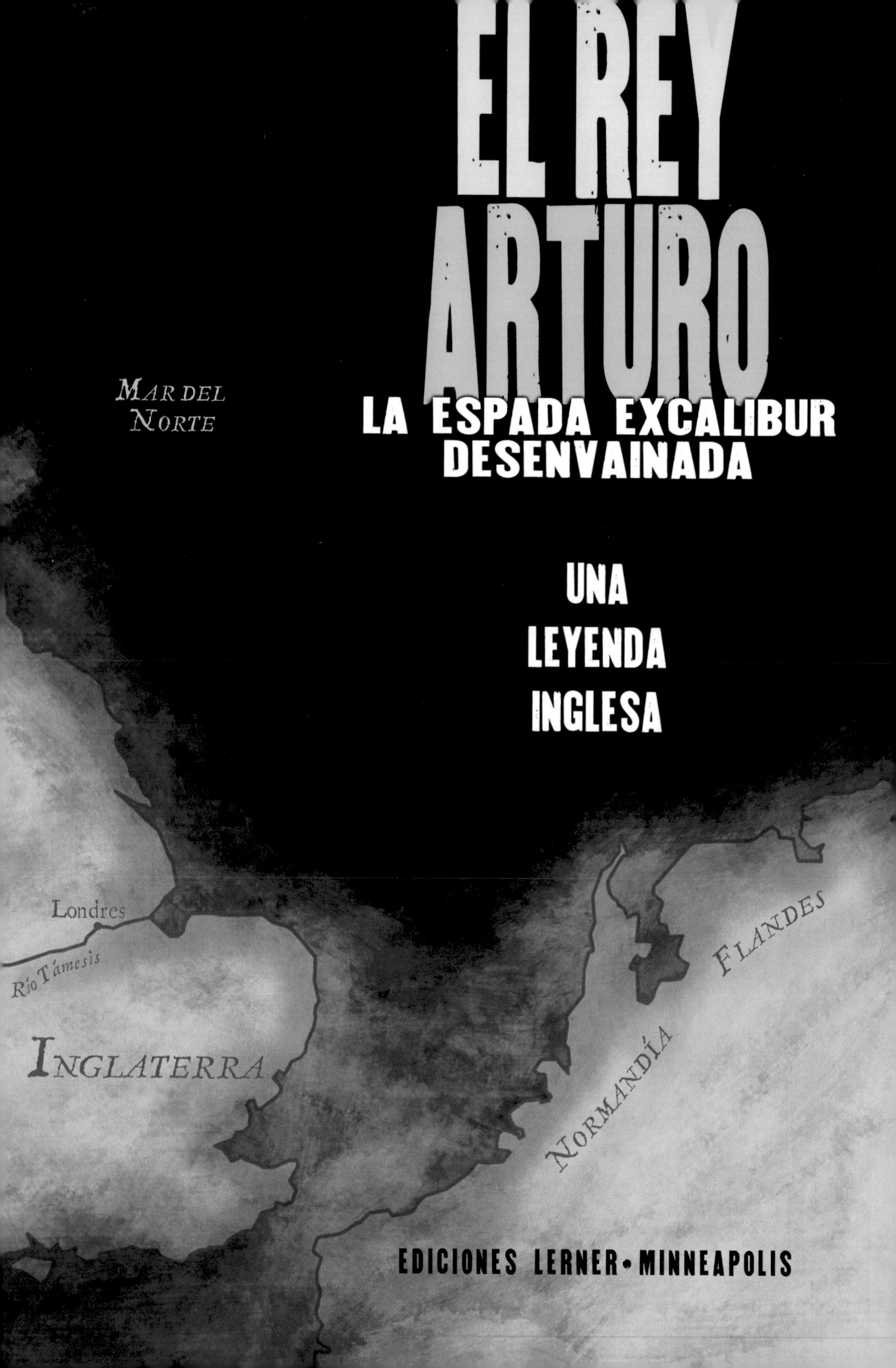
Mar del Norte
Londres
Río Támesis
Inglaterra
Flandes
Normandía

EDICIONES LERNER • MINNEAPOLIS

No se sabe si el rey Arturo fue un personaje real, pero su leyenda está situada entre episodios reales de la historia británica. El rey Arturo habría vivido alreadedor del siglo V o VI d.C., cuando los pequeños y diversos reinos de Inglaterra, Gales y Cornwall luchaban entre sí y contra los invasores extranjeros. Así pues, Arturo es considerado como el rey que unificó y defendió a la joven Britania. Sin embargo, los relatos sobre Arturo a menudo se sitúan mucho más tarde, en la Edad Media (entre los siglos XII y XIV), con caballeros de armadura, justas y castillos. **La espada Excalibur desenvainada** es un relato que sigue esa tradición.

RELATO POR JEFF LIMKE

ILUSTRACIONES A LÁPIZ Y TINTA DE THOMAS YEATES

ESPECIAL AGRADECIMIENTO A TOD SMITH

COLOREADO POR HI-FI DESIGN

Traducción al español: copyright © 2008 por Lerner Publishing Group, Inc.
Título original: *King Arthur: Excalibur Unsheathed*
Copyright del texto: © 2007 por Lerner Publishing Group, Inc.

La edición en español fue realizada por un equipo de traductores hablantes nativos del español de translations.com, empresa mundial dedicada a la traducción.

ediciones Lerner
Una división de Lerner Publishing Group, Inc.
241 First Avenue North
Minneapolis, MN 55401 EUA

Dirección de Internet: www.lernerbooks.com

Library of Congress Cataloging-in-Publication Data

Limke, Jeff.
    [King Arthur. Spanish]
    El Rey Arturo : la espada Excalibur desenvainada : una leyenda inglesa / relato por Jeff Limke ; ilustracione a lápiz y tinta de Thomas Yeates ; adaptado de Le morte d'Arthur de Sir Thomas Malory.
        p.   cm. — (Mitos y leyendas en viñetas)
    Includes index.
    ISBN 978-0-8225-7968-7 (pbk. : alk. paper)
        1. Graphic novels. I. Yeates, Thomas. II. Malory, Thomas, Sir, 15th cent. Morte d'Arthur. III. Title.
PN6727.L53S7618 2008
741.5'973—dc22   2007004111

Fabricado en los Estados Unidos de América
1 2 3 4 5 6 - JR - 13 12 11 10 09 08

CONTENIDO

UN PAÍS SIN REY

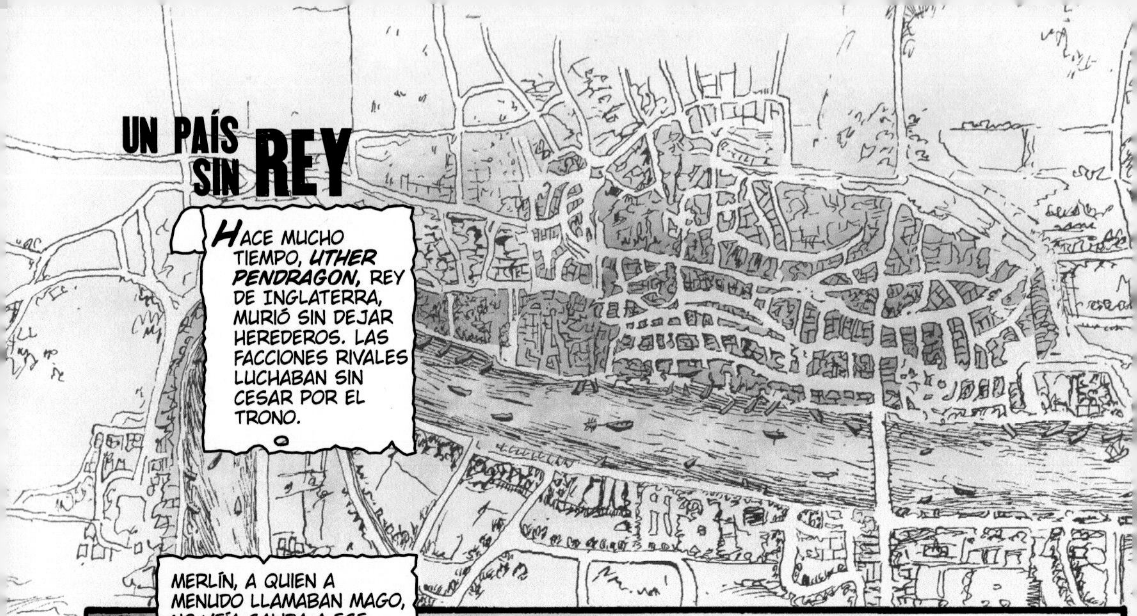
HACE MUCHO TIEMPO, UTHER PENDRAGON, REY DE INGLATERRA, MURIÓ SIN DEJAR HEREDEROS. LAS FACCIONES RIVALES LUCHABAN SIN CESAR POR EL TRONO.

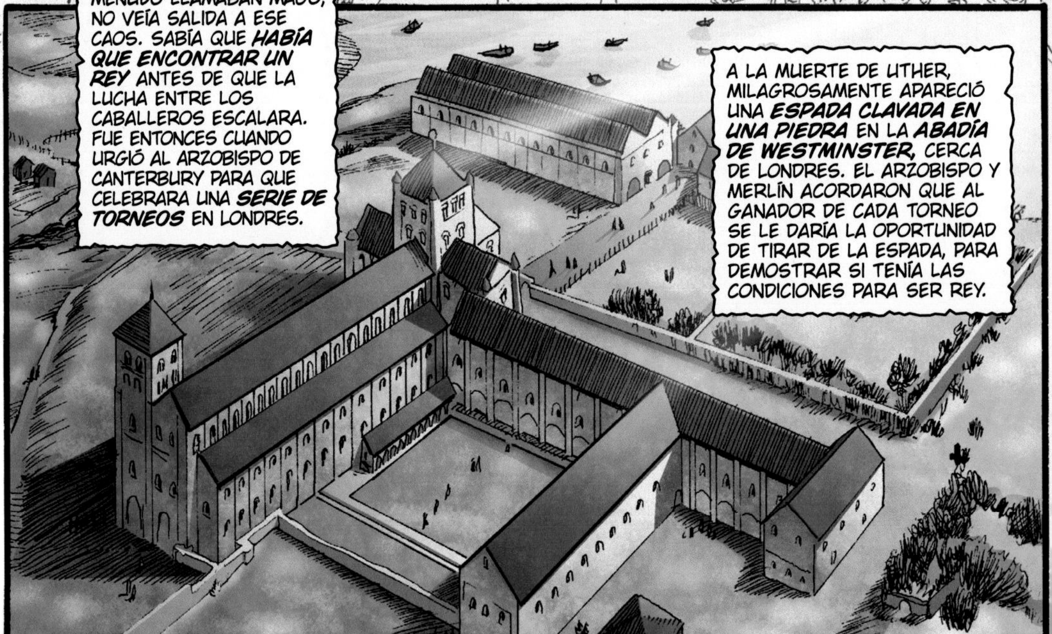
MERLÍN, A QUIEN A MENUDO LLAMABAN MAGO, NO VEÍA SALIDA A ESE CAOS. SABÍA QUE HABÍA QUE ENCONTRAR UN REY ANTES DE QUE LA LUCHA ENTRE LOS CABALLEROS ESCALARA. FUE ENTONCES CUANDO URGIÓ AL ARZOBISPO DE CANTERBURY PARA QUE CELEBRARA UNA SERIE DE TORNEOS EN LONDRES.
A LA MUERTE DE UTHER, MILAGROSAMENTE APARECIÓ UNA ESPADA CLAVADA EN UNA PIEDRA EN LA ABADÍA DE WESTMINSTER, CERCA DE LONDRES. EL ARZOBISPO Y MERLÍN ACORDARON QUE AL GANADOR DE CADA TORNEO SE LE DARÍA LA OPORTUNIDAD DE TIRAR DE LA ESPADA, PARA DEMOSTRAR SI TENÍA LAS CONDICIONES PARA SER REY.

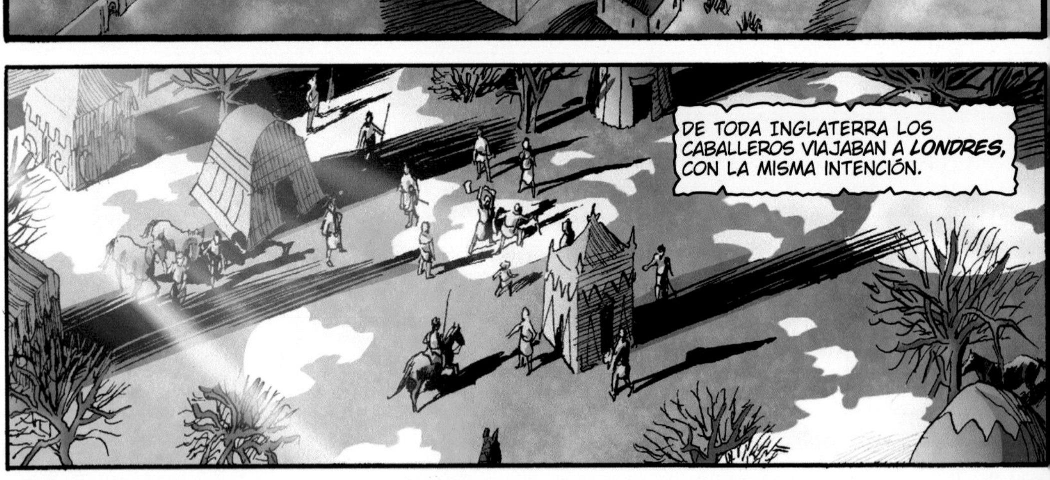
DE TODA INGLATERRA LOS CABALLEROS VIAJABAN A LONDRES, CON LA MISMA INTENCIÓN.

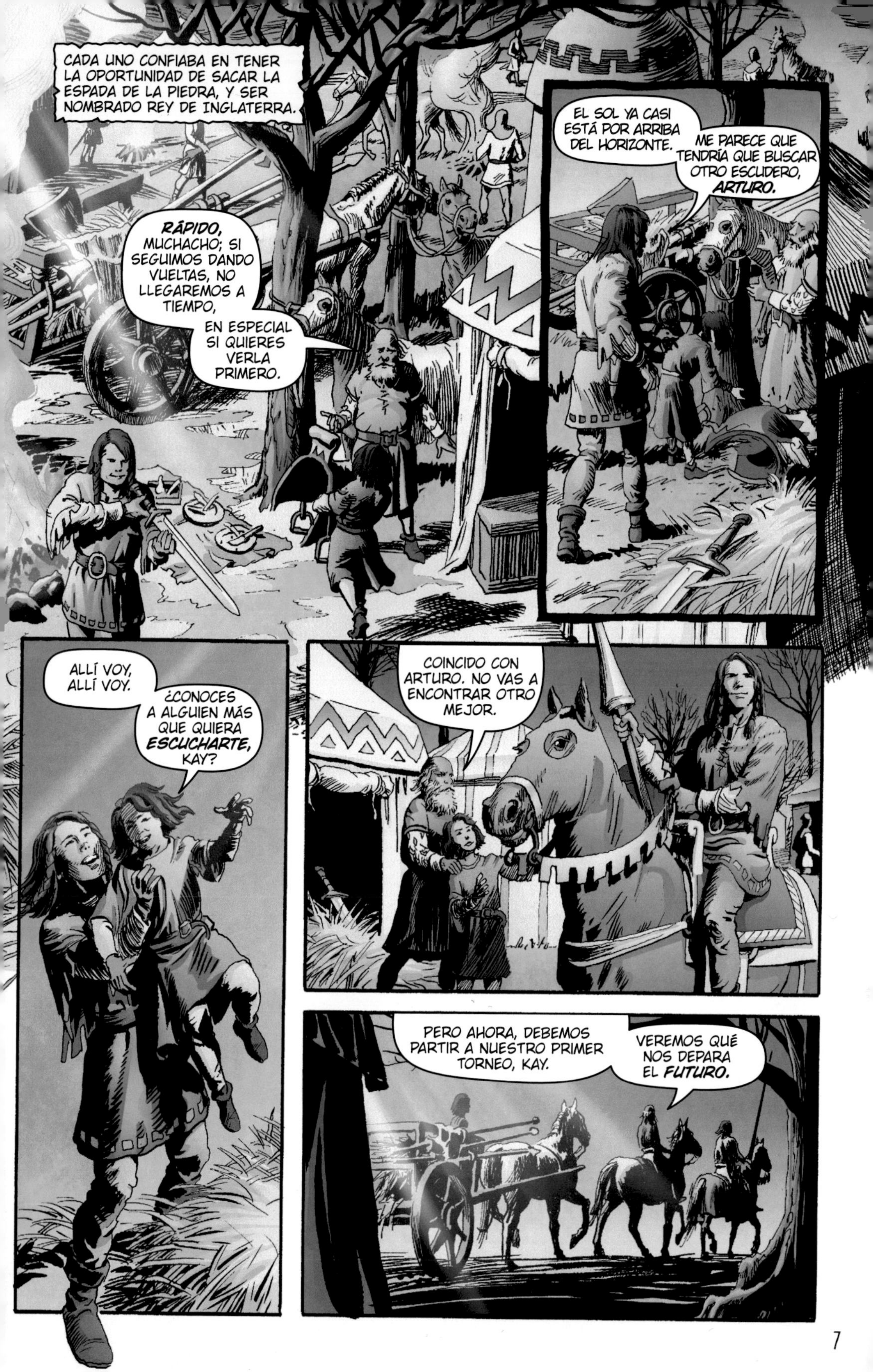
CADA UNO CONFIABA EN TENER LA OPORTUNIDAD DE SACAR LA ESPADA DE LA PIEDRA, Y SER NOMBRADO REY DE INGLATERRA.
RÁPIDO, MUCHACHO; SI SEGUIMOS DANDO VUELTAS, NO LLEGAREMOS A TIEMPO,
EN ESPECIAL SI QUIERES VERLA PRIMERO.
EL SOL YA CASI ESTÁ POR ARRIBA DEL HORIZONTE.
ME PARECE QUE TENDRÍA QUE BUSCAR OTRO ESCUDERO, ARTURO.
ALLÍ VOY, ALLÍ VOY.
¿CONOCES A ALGUIEN MÁS QUE QUIERA ESCUCHARTE, KAY?
COINCIDO CON ARTURO. NO VAS A ENCONTRAR OTRO MEJOR.
PERO AHORA, DEBEMOS PARTIR A NUESTRO PRIMER TORNEO, KAY.
VEREMOS QUÉ NOS DEPARA EL FUTURO.

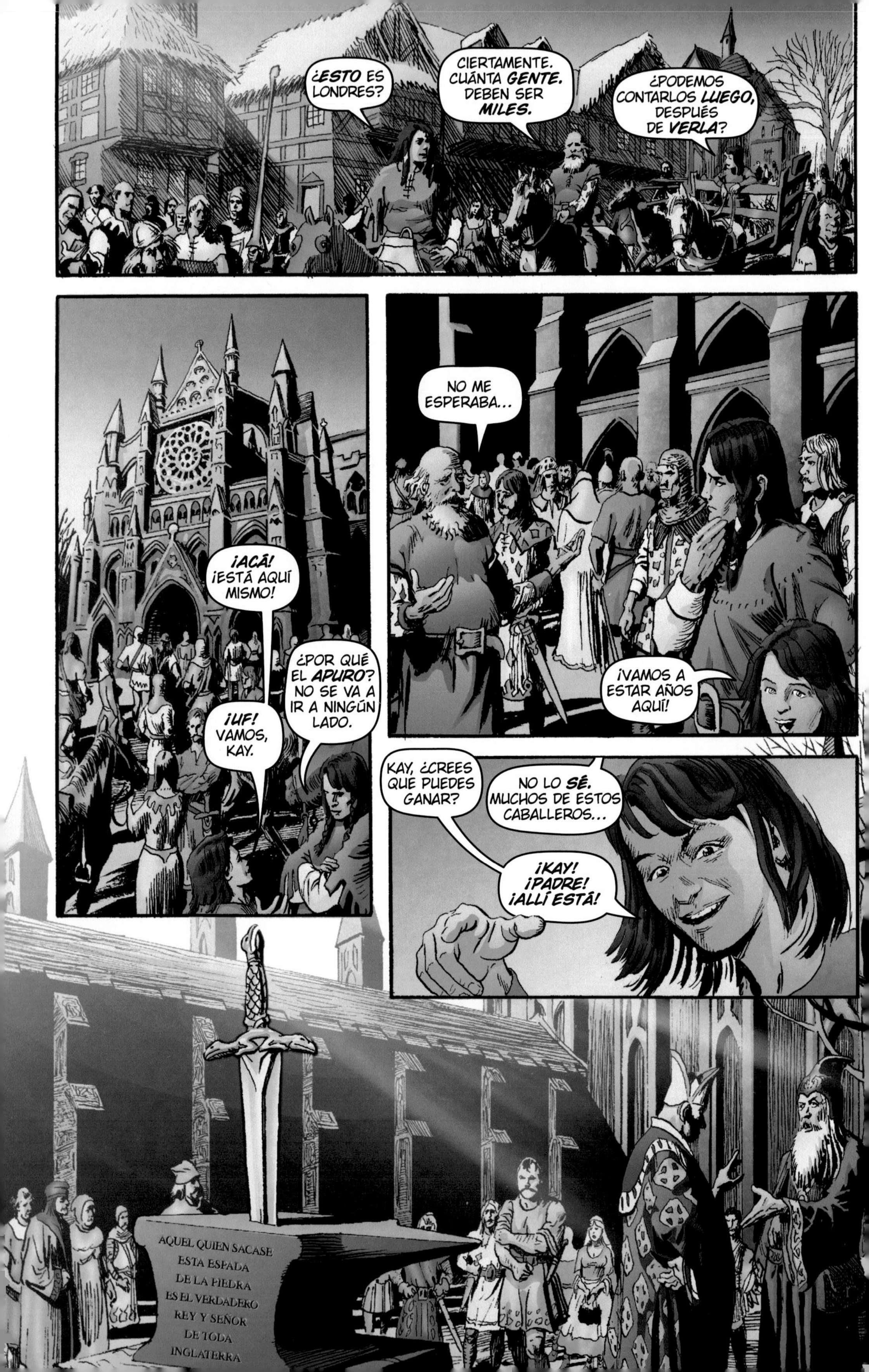
¿ESTO ES LONDRES?
CIERTAMENTE. CUÁNTA GENTE. DEBEN SER MILES.
¿PODEMOS CONTARLOS LUEGO, DESPUÉS DE VERLA?
¡ACÁ! ¡ESTÁ AQUÍ MISMO!
¿POR QUÉ EL APURO? NO SE VA A IR A NINGÚN LADO.
¡UF! VAMOS, KAY.
NO ME ESPERABA...
¡VAMOS A ESTAR AÑOS AQUÍ!
KAY, ¿CREES QUE PUEDES GANAR?
NO LO SÉ. MUCHOS DE ESTOS CABALLEROS...
¡KAY! ¡PADRE! ¡ALLÍ ESTÁ!
AQUEL QUIEN SACASE ESTA ESPADA DE LA PIEDRA ES EL VERDADERO REY Y SEÑOR DE TODA INGLATERRA

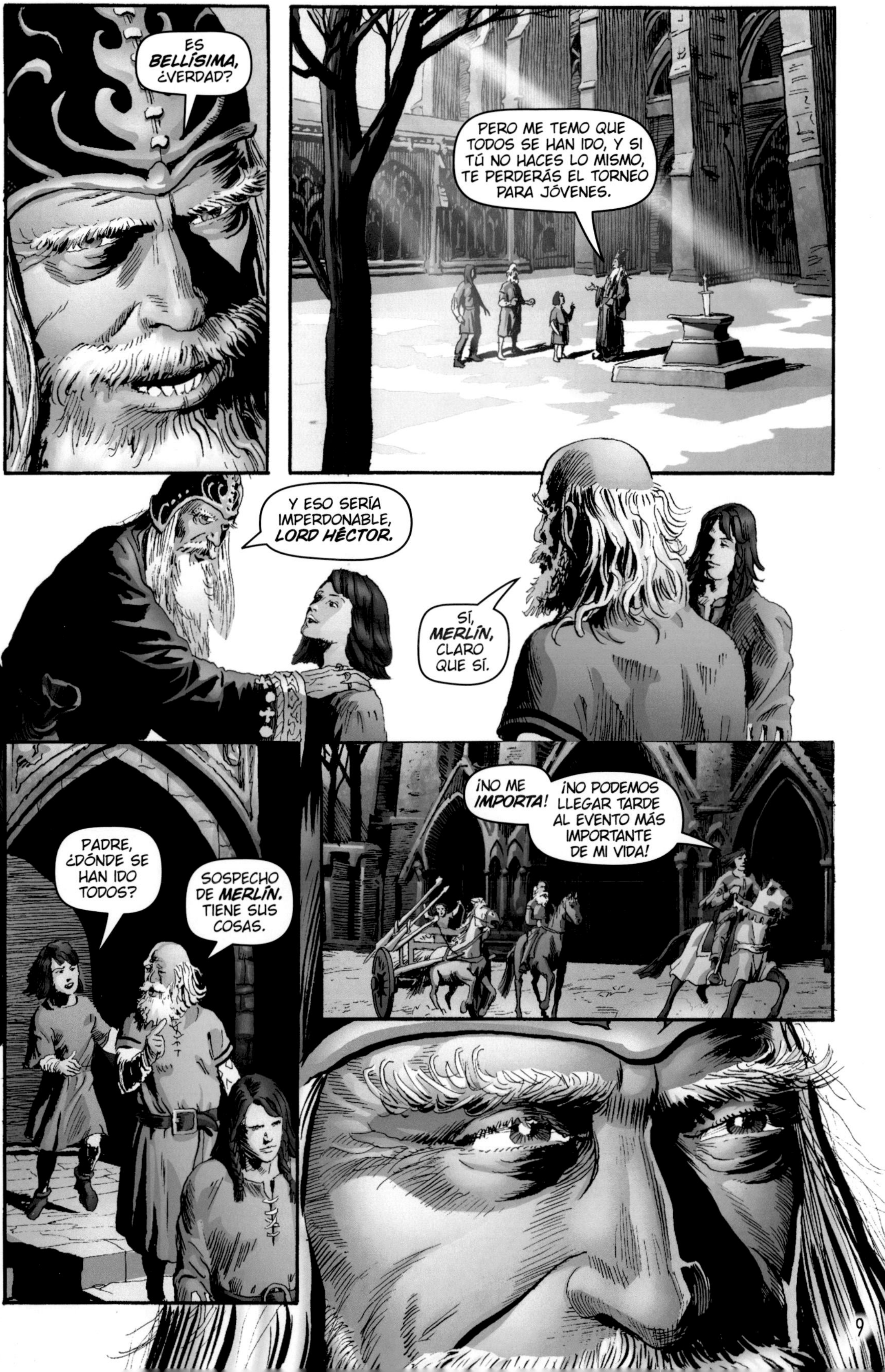
ES BELLÍSIMA, ¿VERDAD?
PERO ME TEMO QUE TODOS SE HAN IDO, Y SI TÚ NO HACES LO MISMO, TE PERDERÁS EL TORNEO PARA JÓVENES.
Y ESO SERÍA IMPERDONABLE, LORD HÉCTOR.
SÍ, MERLÍN, CLARO QUE SÍ.
PADRE, ¿DÓNDE SE HAN IDO TODOS?
SOSPECHO DE MERLÍN. TIENE SUS COSAS.
¡NO ME IMPORTA!
¡NO PODEMOS LLEGAR TARDE AL EVENTO MÁS IMPORTANTE DE MI VIDA!

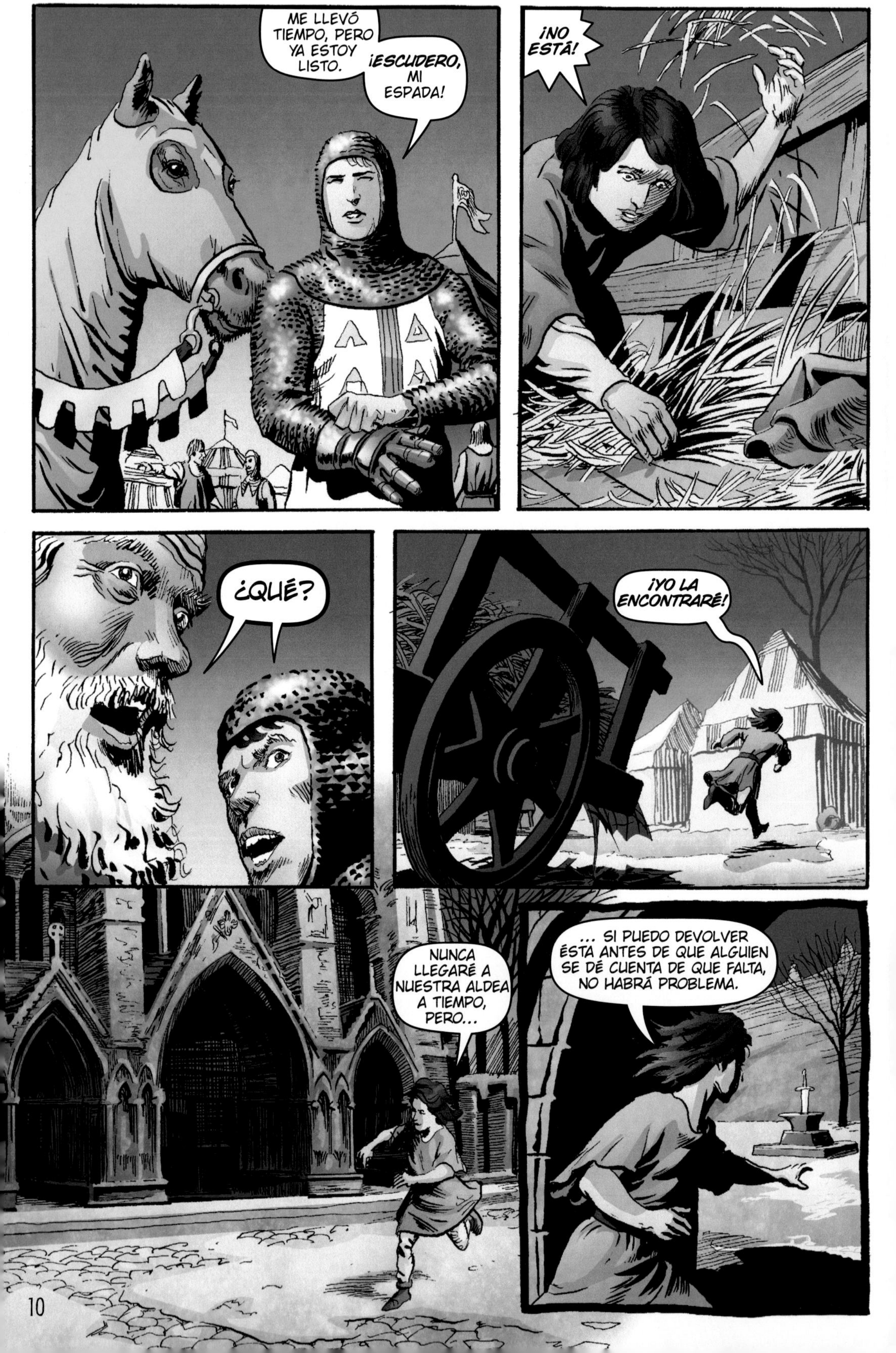
ME LLEVÓ TIEMPO, PERO YA ESTOY LISTO.
¡ESCUDERO, MI ESPADA!
¡NO ESTÁ!
¿QUÉ?
¡YO LA ENCONTRARÉ!
NUNCA LLEGARÉ A NUESTRA ALDEA A TIEMPO, PERO...
... SI PUEDO DEVOLVER ÉSTA ANTES DE QUE ALGUIEN SE DÉ CUENTA DE QUE FALTA, NO HABRÁ PROBLEMA.

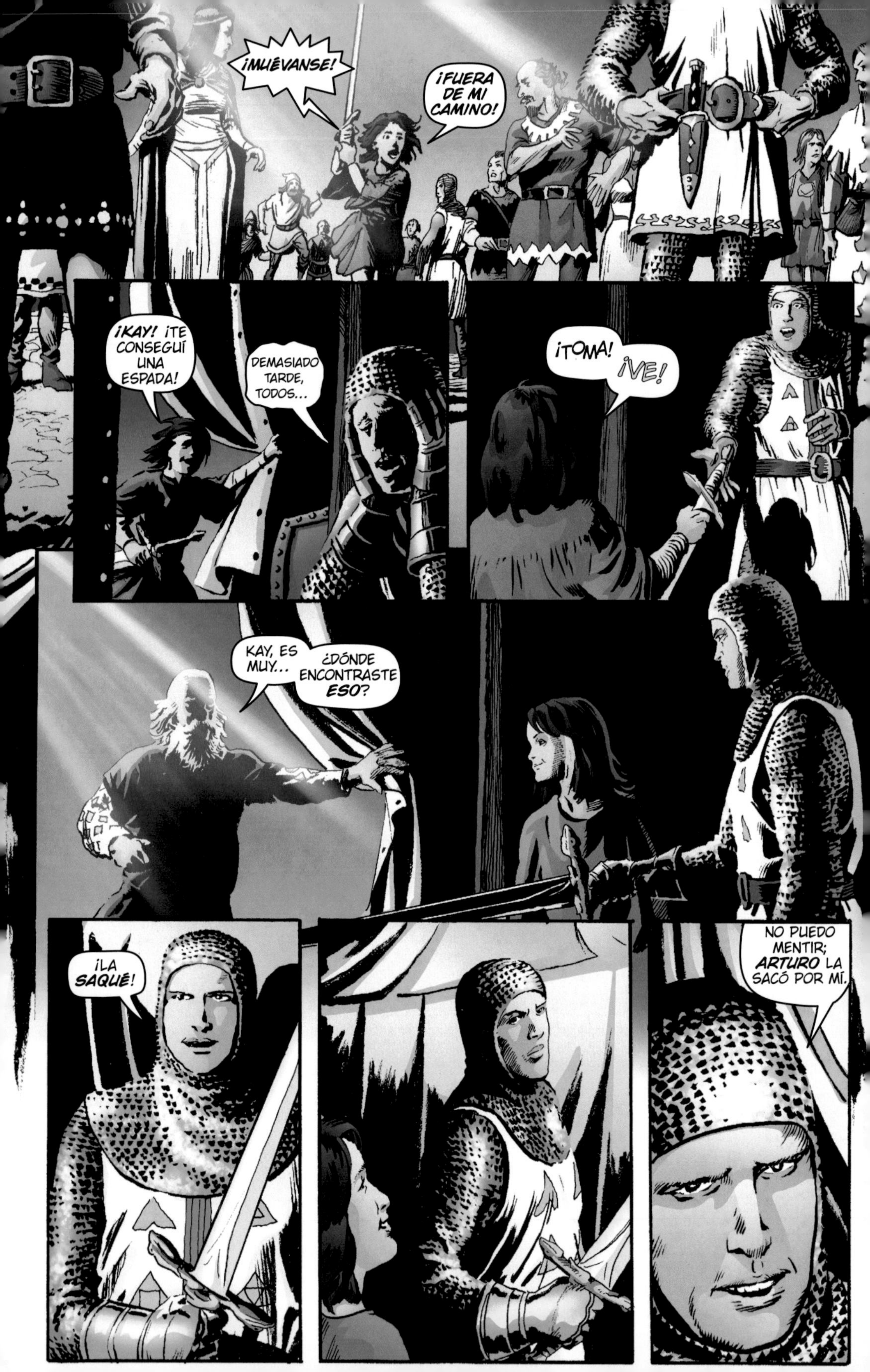
¡MUÉVANSE!
¡FUERA DE MI CAMINO!
¡KAY! ¡TE CONSEGUÍ UNA ESPADA!
DEMASIADO TARDE, TODOS...
¡TOMA!
¡VE!
KAY, ES MUY...
¿DÓNDE ENCONTRASTE ESO?
¡LA SAQUÉ!
NO PUEDO MENTIR; ARTURO LA SACÓ POR MÍ.

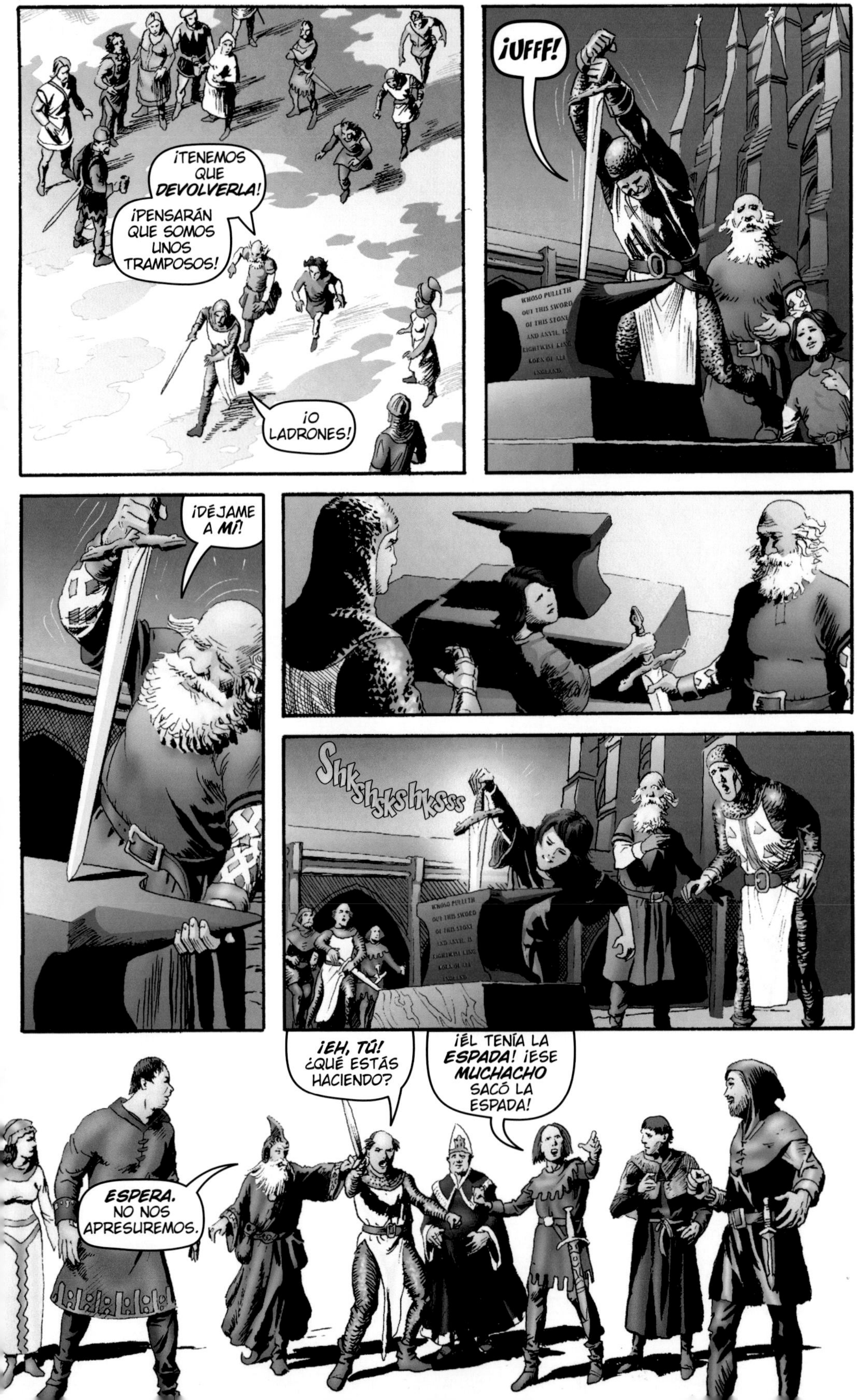
¡TENEMOS QUE **DEVOLVERLA**!
¡PENSARÁN QUE SOMOS UNOS TRAMPOSOS!
¡O LADRONES!
¡UFFF!
WHOSO PULLETH OUT THIS SWORD OF THIS STONE AND ANVIL, IS RIGHTWISE KING BORN OF ALL ENGLAND.
¡DÉJAME A **MÍ**!
Shkshkshkshksss
¡EH, TÚ! ¿QUÉ ESTÁS HACIENDO?
¡ÉL TENÍA LA **ESPADA**! ¡ESE **MUCHACHO** SACÓ LA ESPADA!
ESPERA. NO NOS APRESUREMOS.

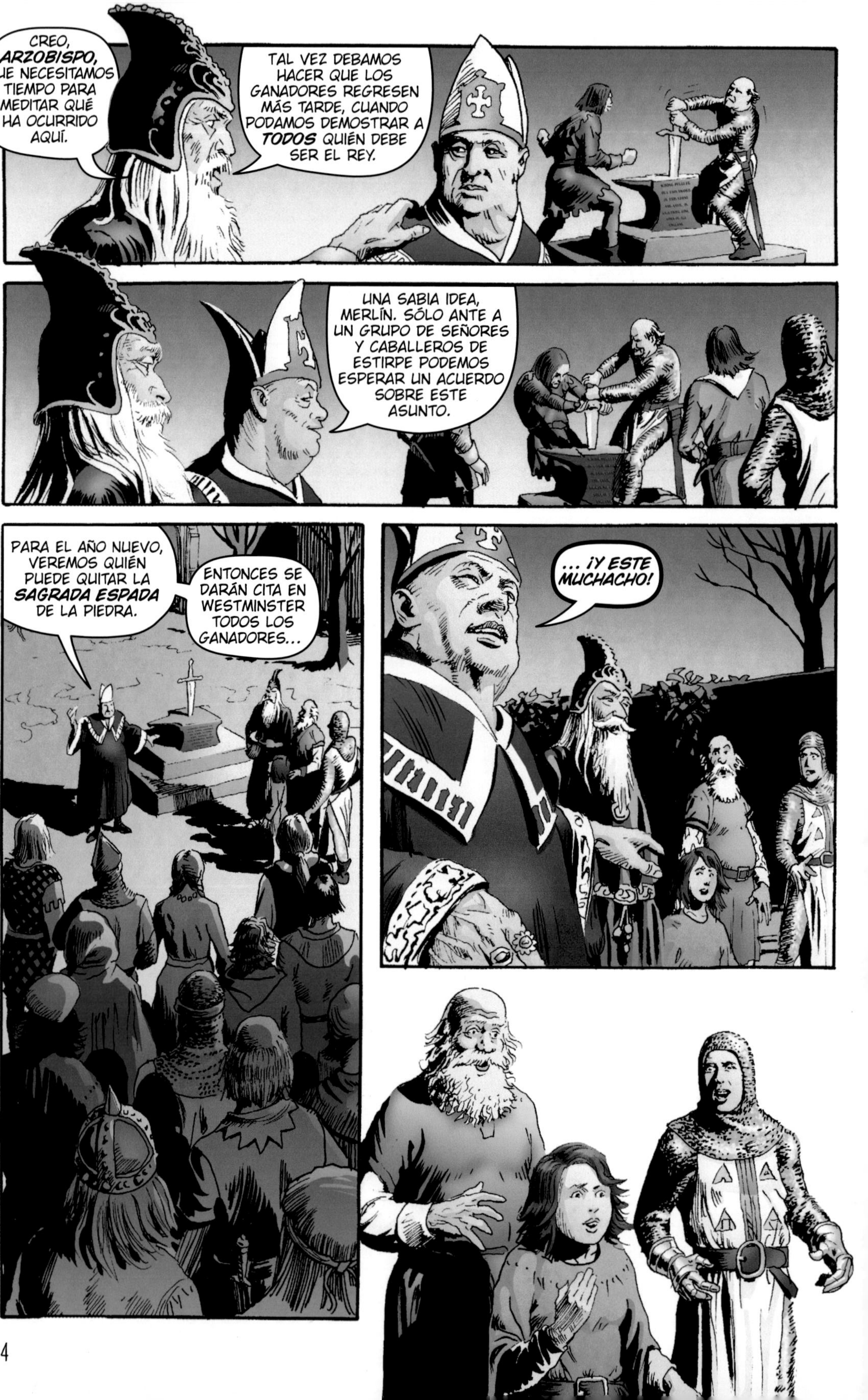
CREO, **ARZOBISPO,** QUE NECESITAMOS TIEMPO PARA MEDITAR QUÉ HA OCURRIDO AQUÍ.
TAL VEZ DEBAMOS HACER QUE LOS GANADORES REGRESEN MÁS TARDE, CUANDO PODAMOS DEMOSTRAR A **TODOS** QUIÉN DEBE SER EL REY.
UNA SABIA IDEA, MERLÍN. SÓLO ANTE A UN GRUPO DE SEÑORES Y CABALLEROS DE ESTIRPE PODEMOS ESPERAR UN ACUERDO SOBRE ESTE ASUNTO.
PARA EL AÑO NUEVO, VEREMOS QUIÉN PUEDE QUITAR LA **SAGRADA ESPADA** DE LA PIEDRA.
ENTONCES SE DARÁN CITA EN WESTMINSTER TODOS LOS GANADORES...
...¡Y ESTE MUCHACHO!

EL NUEVO REY EN UN NUEVO AÑO

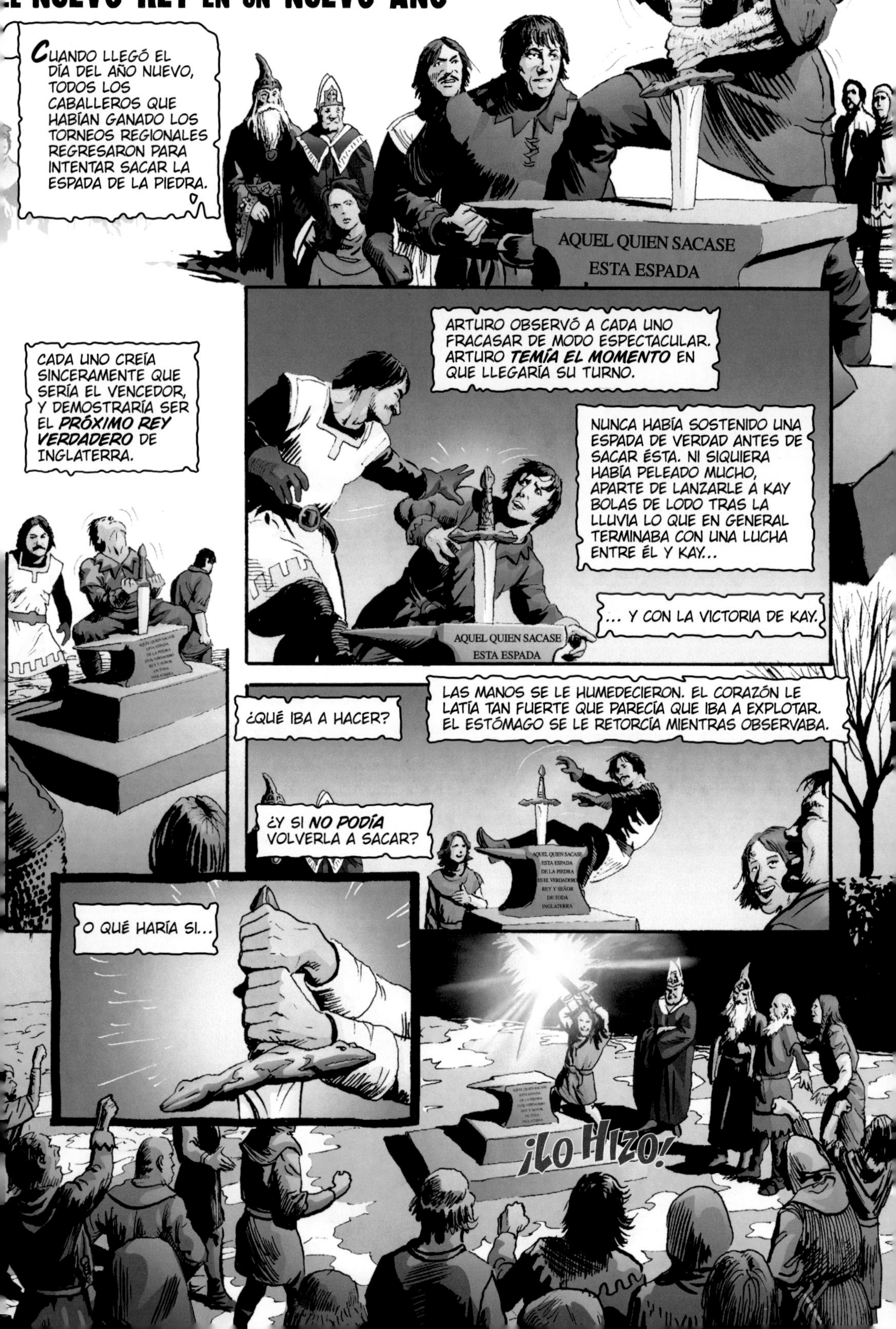

CUANDO LLEGÓ EL DÍA DEL AÑO NUEVO, TODOS LOS CABALLEROS QUE HABÍAN GANADO LOS TORNEOS REGIONALES REGRESARON PARA INTENTAR SACAR LA ESPADA DE LA PIEDRA.
AQUEL QUIEN SACASE ESTA ESPADA
CADA UNO CREÍA SINCERAMENTE QUE SERÍA EL VENCEDOR, Y DEMOSTRARÍA SER EL **PRÓXIMO REY VERDADERO** DE INGLATERRA.
ARTURO OBSERVÓ A CADA UNO FRACASAR DE MODO ESPECTACULAR. ARTURO **TEMÍA EL MOMENTO** EN QUE LLEGARÍA SU TURNO.
NUNCA HABÍA SOSTENIDO UNA ESPADA DE VERDAD ANTES DE SACAR ÉSTA. NI SIQUIERA HABÍA PELEADO MUCHO, APARTE DE LANZARLE A KAY BOLAS DE LODO TRAS LA LLUVIA LO QUE EN GENERAL TERMINABA CON UNA LUCHA ENTRE ÉL Y KAY...
... Y CON LA VICTORIA DE KAY.
AQUEL QUIEN SACASE ESTA ESPADA
¿QUÉ IBA A HACER?
LAS MANOS SE LE HUMEDECIERON. EL CORAZÓN LE LATÍA TAN FUERTE QUE PARECÍA QUE IBA A EXPLOTAR. EL ESTÓMAGO SE LE RETORCÍA MIENTRAS OBSERVABA.
¿Y SI **NO PODÍA** VOLVERLA A SACAR?
AQUEL QUIEN SACASE ESTA ESPADA DE LA PIEDRA ES EL VERDADERO REY Y SEÑOR DE TODA INGLATERRA
O QUÉ HARÍA SI...
¡LO HIZO!

MÁS TARDE, LOS NOBLES DE TODA INGLATERRA SE REUNIERON PARA DECIDIR EL FUTURO DEL PAÍS. NO TODOS ESTABAN DISPUESTOS A NOMBRAR REY A ARTURO SÓLO POR HABER SACADO LA ESPADA DE LA PIEDRA.

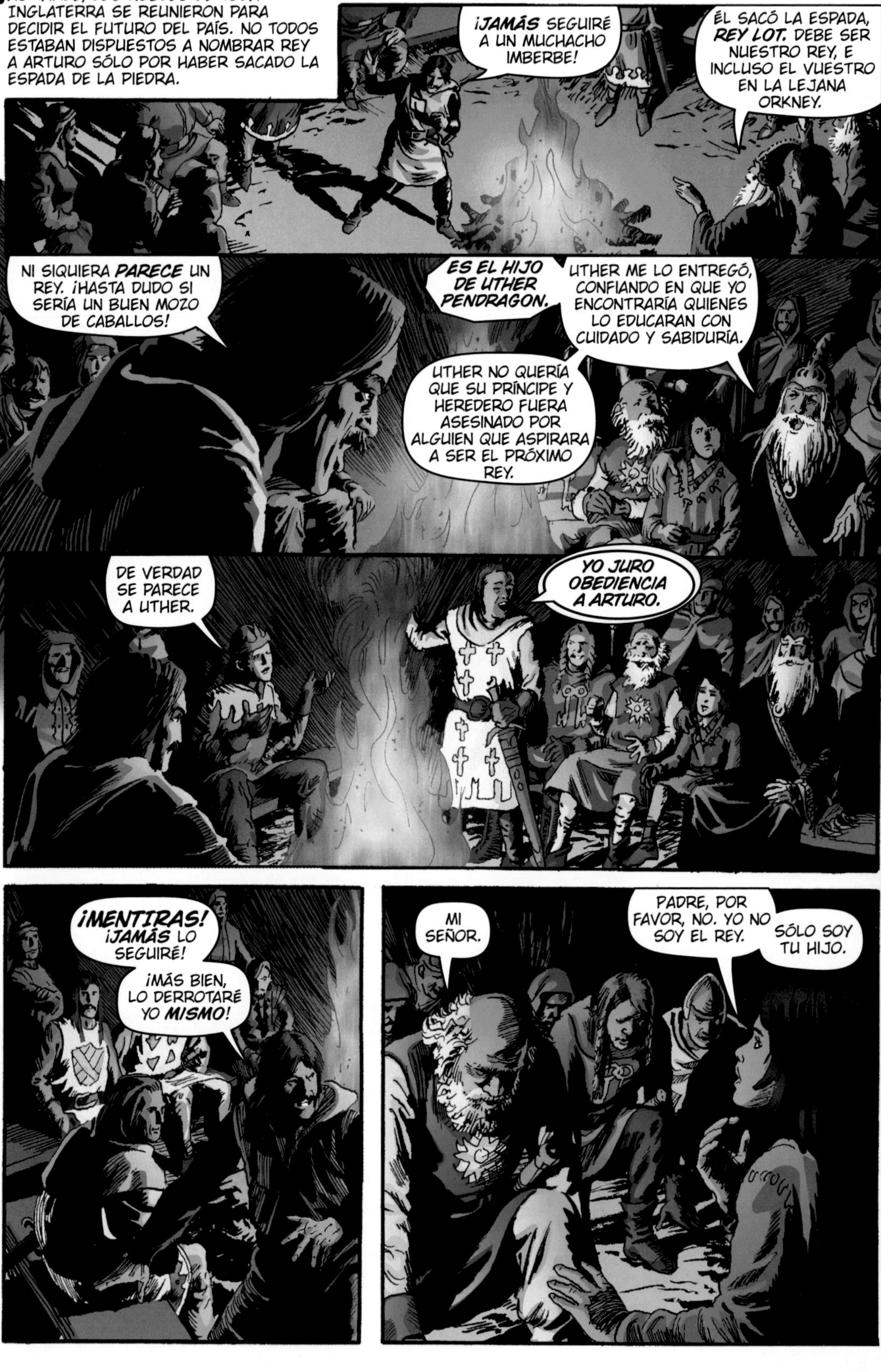

¡JAMÁS SEGUIRÉ A UN MUCHACHO IMBERBE!
ÉL SACÓ LA ESPADA, REY LOT. DEBE SER NUESTRO REY, E INCLUSO EL VUESTRO EN LA LEJANA ORKNEY.
NI SIQUIERA PARECE UN REY. ¡HASTA DUDO SI SERÍA UN BUEN MOZO DE CABALLOS!
ES EL HIJO DE UTHER PENDRAGON.
UTHER ME LO ENTREGÓ, CONFIANDO EN QUE YO ENCONTRARÍA QUIENES LO EDUCARAN CON CUIDADO Y SABIDURÍA.
UTHER NO QUERÍA QUE SU PRÍNCIPE Y HEREDERO FUERA ASESINADO POR ALGUIEN QUE ASPIRARA A SER EL PRÓXIMO REY.
DE VERDAD SE PARECE A UTHER.
YO JURO OBEDIENCIA A ARTURO.
¡MENTIRAS! ¡JAMÁS LO SEGUIRÉ!
¡MÁS BIEN, LO DERROTARÉ YO MISMO!
MI SEÑOR.
PADRE, POR FAVOR, NO. YO NO SOY EL REY.
SÓLO SOY TU HIJO.

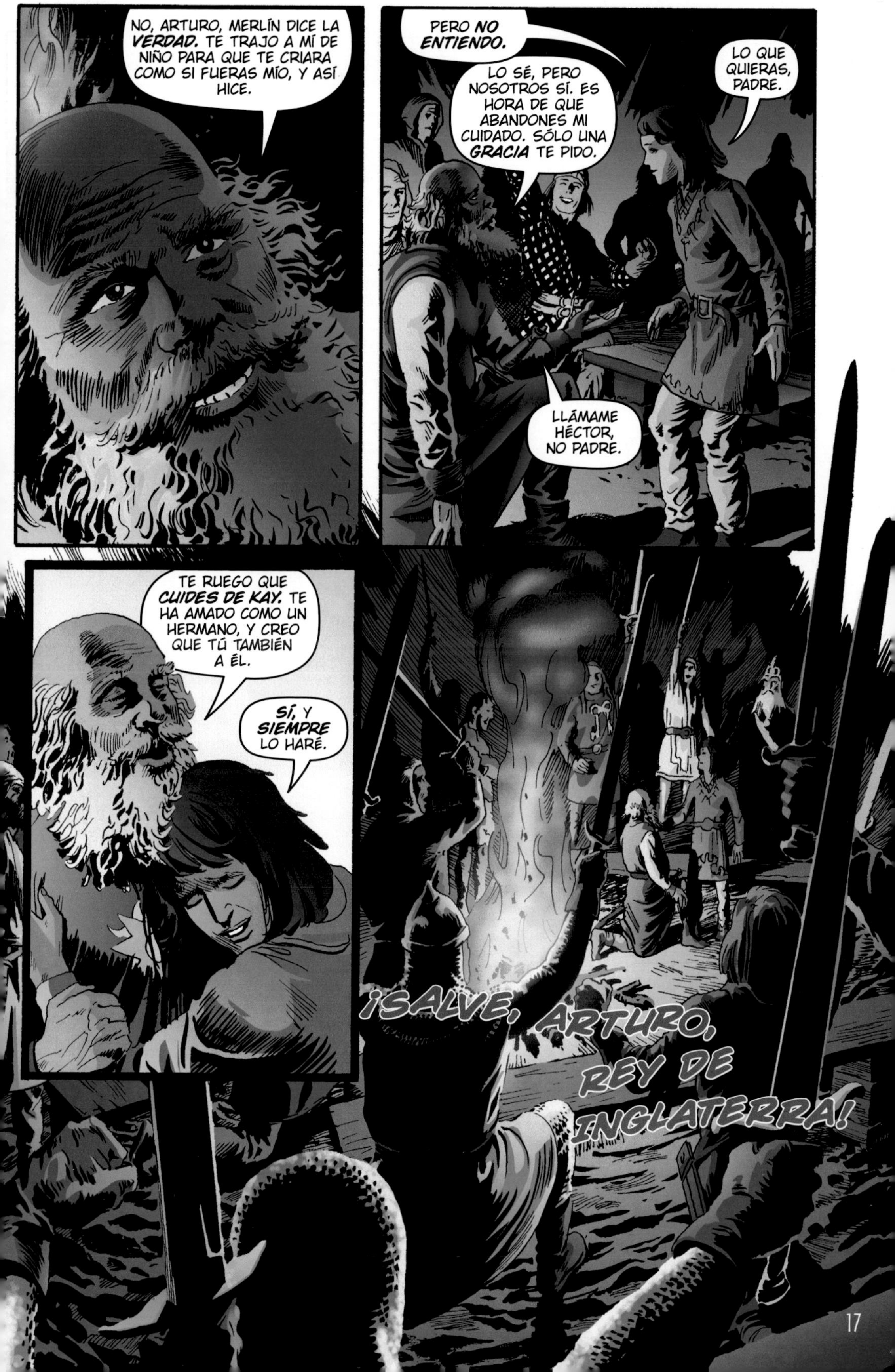
NO, ARTURO, MERLÍN DICE LA VERDAD. TE TRAJO A MÍ DE NIÑO PARA QUE TE CRIARA COMO SI FUERAS MÍO, Y ASÍ HICE.
PERO NO ENTIENDO.
LO SÉ, PERO NOSOTROS SÍ. ES HORA DE QUE ABANDONES MI CUIDADO. SÓLO UNA GRACIA TE PIDO.
LO QUE QUIERAS, PADRE.
LLÁMAME HÉCTOR, NO PADRE.
TE RUEGO QUE CUIDES DE KAY. TE HA AMADO COMO UN HERMANO, Y CREO QUE TÚ TAMBIÉN A ÉL.
SÍ, Y SIEMPRE LO HARÉ.
¡SALVE, ARTURO, REY DE INGLATERRA!

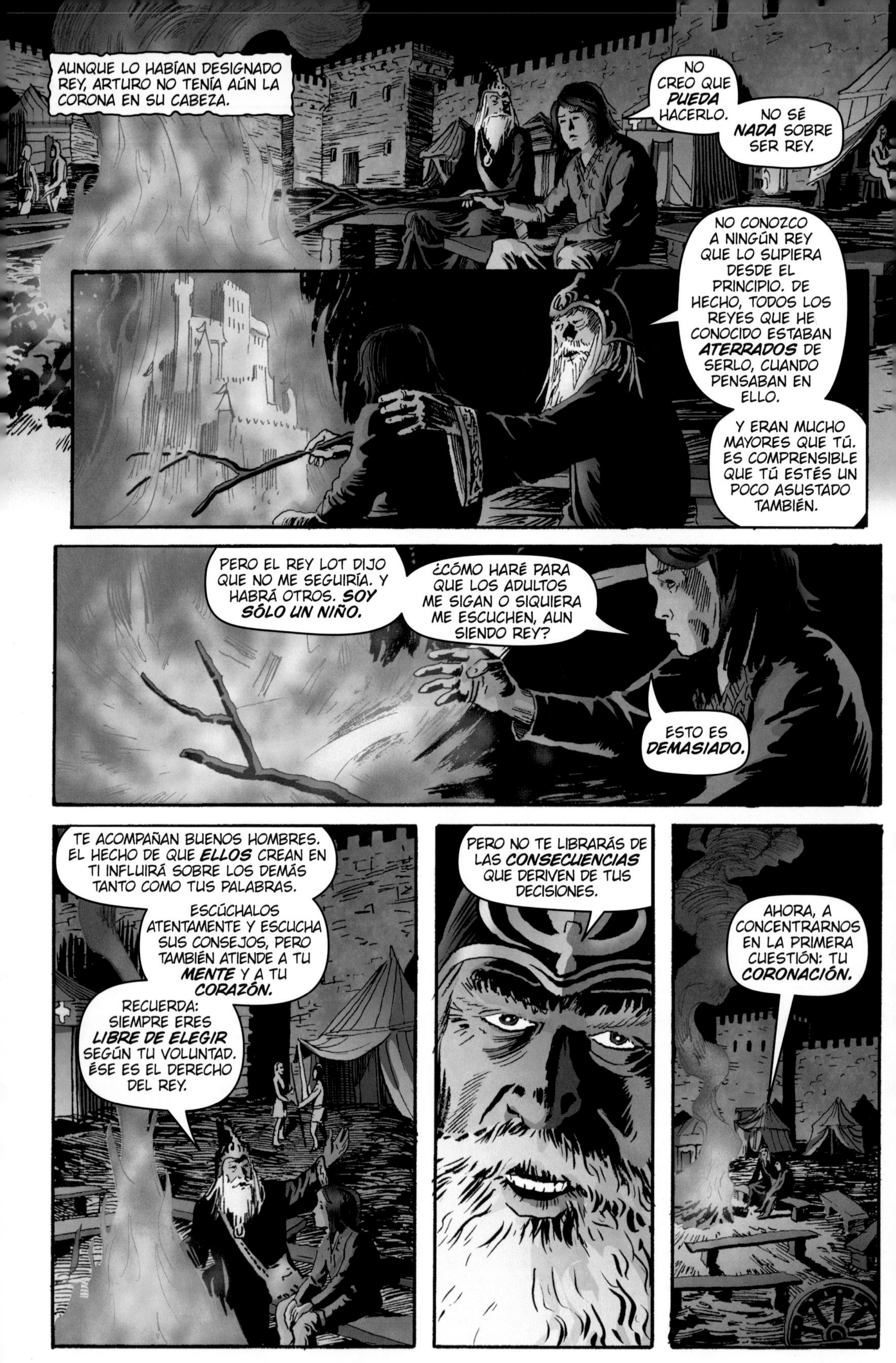

AUNQUE LO HABÍAN DESIGNADO REY, ARTURO NO TENÍA AÚN LA CORONA EN SU CABEZA.
NO CREO QUE PUEDA HACERLO.
NO SÉ NADA SOBRE SER REY.
NO CONOZCO A NINGÚN REY QUE LO SUPIERA DESDE EL PRINCIPIO. DE HECHO, TODOS LOS REYES QUE HE CONOCIDO ESTABAN ATERRADOS DE SERLO, CUANDO PENSABAN EN ELLO.
Y ERAN MUCHO MAYORES QUE TÚ. ES COMPRENSIBLE QUE TÚ ESTÉS UN POCO ASUSTADO TAMBIÉN.
PERO EL REY LOT DIJO QUE NO ME SEGUIRÍA. Y HABRÁ OTROS. SOY SÓLO UN NIÑO.
¿CÓMO HARÉ PARA QUE LOS ADULTOS ME SIGAN O SIQUIERA ME ESCUCHEN, AUN SIENDO REY?
ESTO ES DEMASIADO.
TE ACOMPAÑAN BUENOS HOMBRES. EL HECHO DE QUE ELLOS CREAN EN TI INFLUIRÁ SOBRE LOS DEMÁS TANTO COMO TUS PALABRAS.
ESCÚCHALOS ATENTAMENTE Y ESCUCHA SUS CONSEJOS, PERO TAMBIÉN ATIENDE A TU MENTE Y A TU CORAZÓN.
RECUERDA: SIEMPRE ERES LIBRE DE ELEGIR SEGÚN TU VOLUNTAD. ÉSE ES EL DERECHO DEL REY.
PERO NO TE LIBRARÁS DE LAS CONSECUENCIAS QUE DERIVEN DE TUS DECISIONES.
AHORA, A CONCENTRARNOS EN LA PRIMERA CUESTIÓN: TU CORONACIÓN.

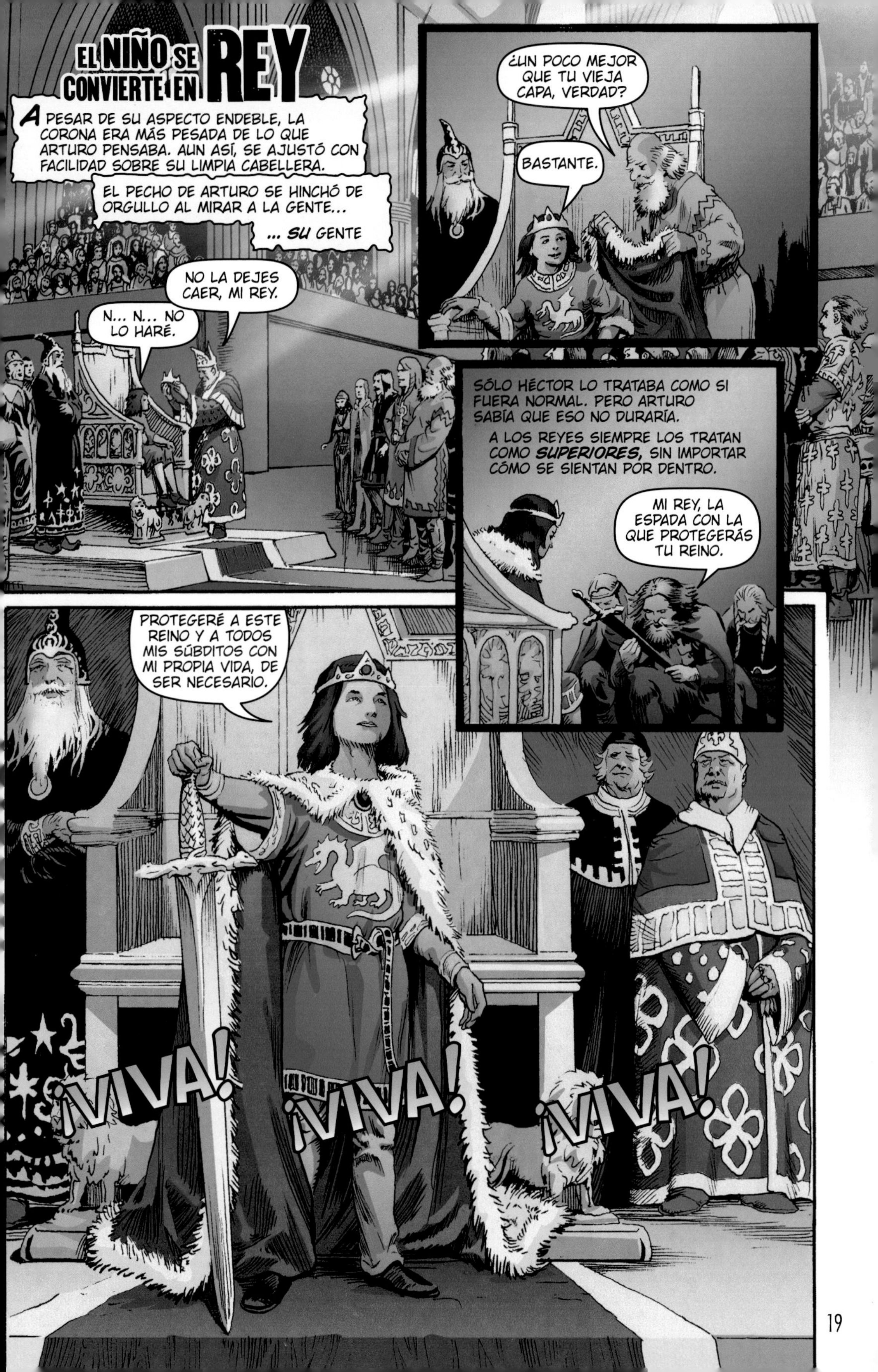
EL NIÑO SE CONVIERTE EN REY
A PESAR DE SU ASPECTO ENDEBLE, LA CORONA ERA MÁS PESADA DE LO QUE ARTURO PENSABA. AUN ASÍ, SE AJUSTÓ CON FACILIDAD SOBRE SU LIMPIA CABELLERA.
EL PECHO DE ARTURO SE HINCHÓ DE ORGULLO AL MIRAR A LA GENTE...
... SU GENTE
NO LA DEJES CAER, MI REY.
N... N... NO LO HARÉ.
¿UN POCO MEJOR QUE TU VIEJA CAPA, VERDAD?
BASTANTE.
SÓLO HÉCTOR LO TRATABA COMO SI FUERA NORMAL. PERO ARTURO SABÍA QUE ESO NO DURARÍA.
A LOS REYES SIEMPRE LOS TRATAN COMO SUPERIORES, SIN IMPORTAR CÓMO SE SIENTAN POR DENTRO.
MI REY, LA ESPADA CON LA QUE PROTEGERÁS TU REINO.
PROTEGERÉ A ESTE REINO Y A TODOS MIS SÚBDITOS CON MI PROPIA VIDA, DE SER NECESARIO.
¡VIVA! ¡VIVA! ¡VIVA!

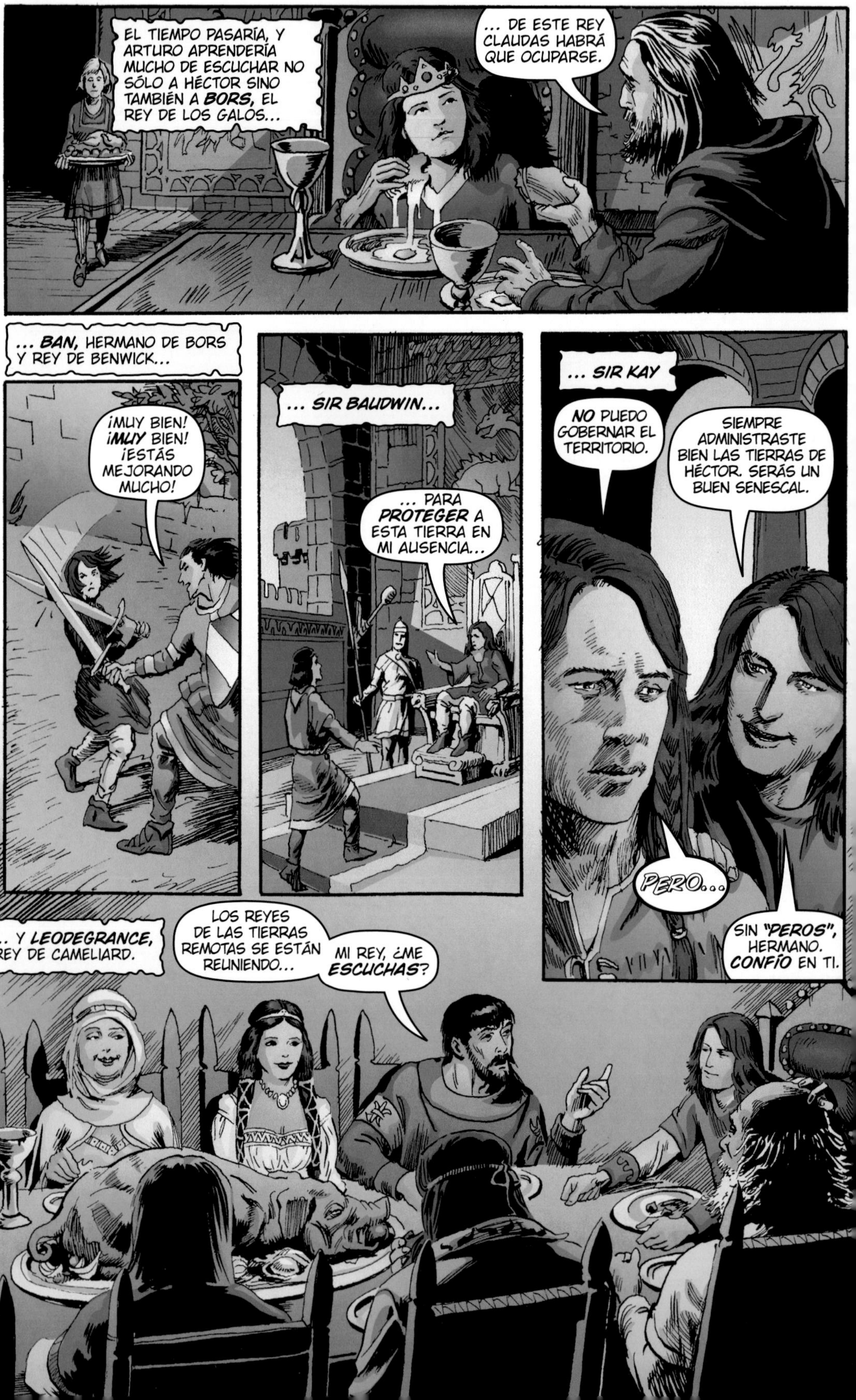
EL TIEMPO PASARÍA, Y ARTURO APRENDERÍA MUCHO DE ESCUCHAR NO SÓLO A HÉCTOR SINO TAMBIÉN A **BORS,** EL REY DE LOS GALOS...
... DE ESTE REY CLAUDAS HABRÁ QUE OCUPARSE.
... **BAN,** HERMANO DE BORS Y REY DE BENWICK...
¡MUY BIEN! ¡**MUY** BIEN! ¡ESTÁS MEJORANDO MUCHO!
... **SIR BAUDWIN...**
... PARA **PROTEGER** A ESTA TIERRA EN MI AUSENCIA...
... **SIR KAY**
NO PUEDO GOBERNAR EL TERRITORIO.
SIEMPRE ADMINISTRASTE BIEN LAS TIERRAS DE HÉCTOR. SERÁS UN BUEN SENESCAL.
PERO...
SIN "**PEROS**", HERMANO. **CONFÍO** EN TI.
... Y **LEODEGRANCE,** REY DE CAMELIARD.
LOS REYES DE LAS TIERRAS REMOTAS SE ESTÁN REUNIENDO...
MI REY, ¿ME **ESCUCHAS**?

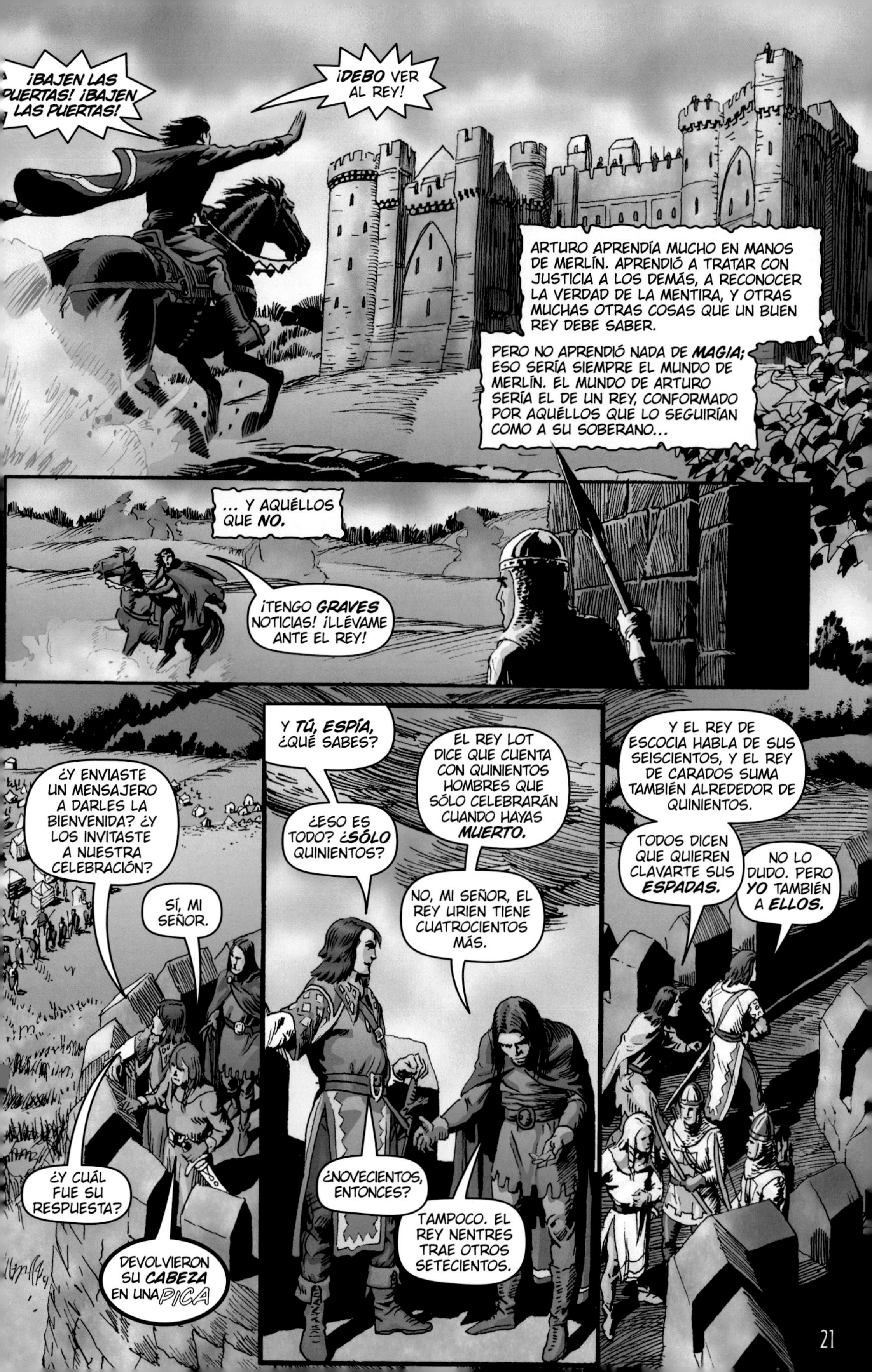

¡BAJEN LAS PUERTAS! ¡BAJEN LAS PUERTAS!
¡DEBO VER AL REY!
ARTURO APRENDÍA MUCHO EN MANOS DE MERLÍN. APRENDIÓ A TRATAR CON JUSTICIA A LOS DEMÁS, A RECONOCER LA VERDAD DE LA MENTIRA, Y OTRAS MUCHAS OTRAS COSAS QUE UN BUEN REY DEBE SABER.
PERO NO APRENDIÓ NADA DE MAGIA; ESO SERÍA SIEMPRE EL MUNDO DE MERLÍN. EL MUNDO DE ARTURO SERÍA EL DE UN REY, CONFORMADO POR AQUÉLLOS QUE LO SEGUIRÍAN COMO A SU SOBERANO...
... Y AQUÉLLOS QUE NO.
¡TENGO GRAVES NOTICIAS! ¡LLÉVAME ANTE EL REY!
¿Y ENVIASTE UN MENSAJERO A DARLES LA BIENVENIDA? ¿Y LOS INVITASTE A NUESTRA CELEBRACIÓN?
SÍ, MI SEÑOR.
¿Y CUÁL FUE SU RESPUESTA?
DEVOLVIERON SU CABEZA EN UNA PICA
Y TÚ, ESPÍA, ¿QUÉ SABES?
EL REY LOT DICE QUE CUENTA CON QUINIENTOS HOMBRES QUE SÓLO CELEBRARÁN CUANDO HAYAS MUERTO.
¿ESO ES TODO? ¿SÓLO QUINIENTOS?
NO, MI SEÑOR, EL REY URIEN TIENE CUATROCIENTOS MÁS.
¿NOVECIENTOS, ENTONCES?
TAMPOCO. EL REY NENTRES TRAE OTROS SETECIENTOS.
Y EL REY DE ESCOCIA HABLA DE SUS SEISCIENTOS, Y EL REY DE CARADOS SUMA TAMBIÉN ALREDEDOR DE QUINIENTOS.
TODOS DICEN QUE QUIEREN CLAVARTE SUS ESPADAS.
NO LO DUDO. PERO YO TAMBIÉN A ELLOS.

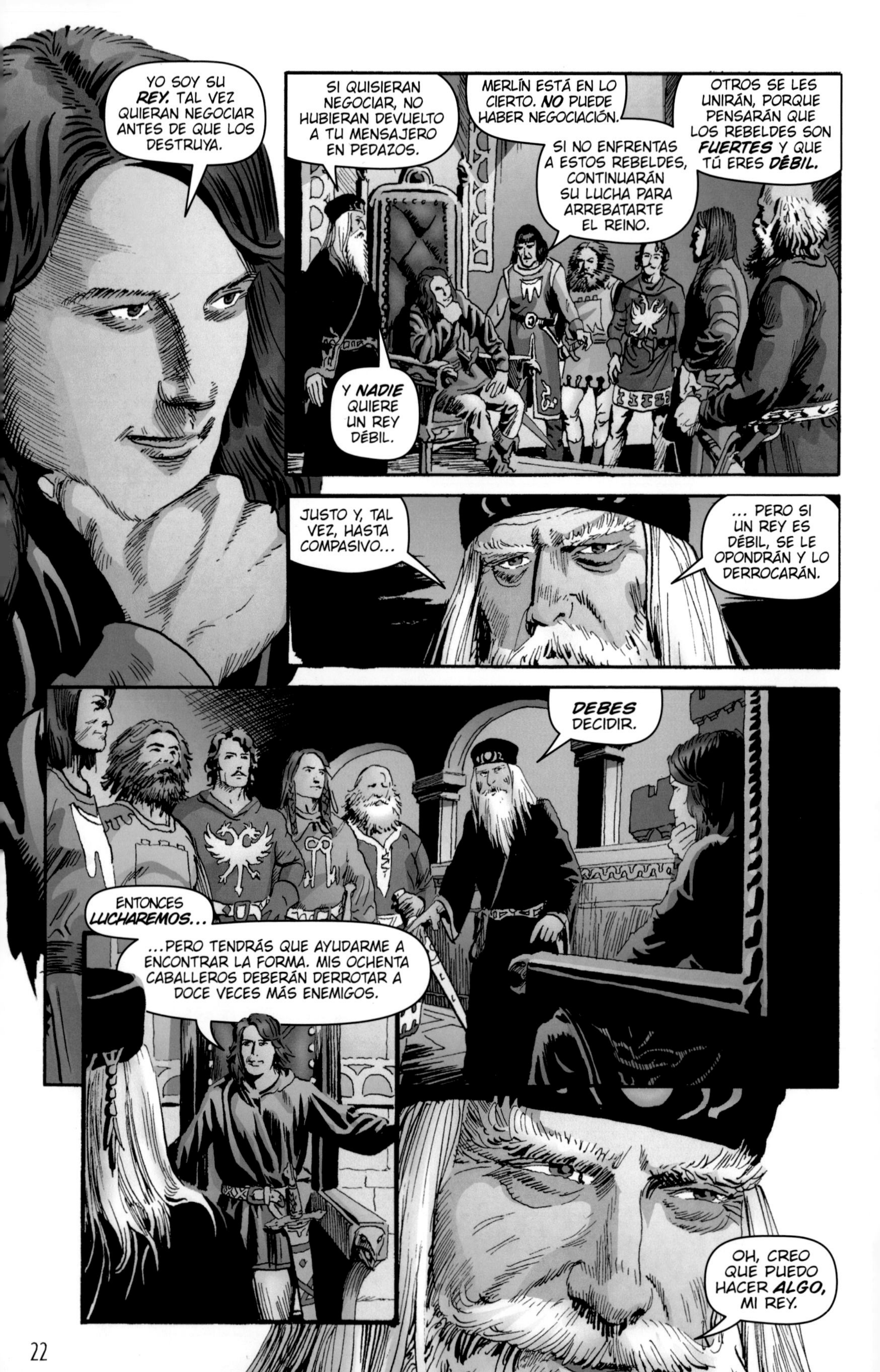

YO SOY SU REY. TAL VEZ QUIERAN NEGOCIAR ANTES DE QUE LOS DESTRUYA.
SI QUISIERAN NEGOCIAR, NO HUBIERAN DEVUELTO A TU MENSAJERO EN PEDAZOS.
Y NADIE QUIERE UN REY DÉBIL.
MERLÍN ESTÁ EN LO CIERTO. NO PUEDE HABER NEGOCIACIÓN.
SI NO ENFRENTAS A ESTOS REBELDES, CONTINUARÁN SU LUCHA PARA ARREBATARTE EL REINO.
OTROS SE LES UNIRÁN, PORQUE PENSARÁN QUE LOS REBELDES SON FUERTES Y QUE TÚ ERES DÉBIL.
JUSTO Y, TAL VEZ, HASTA COMPASIVO...
... PERO SI UN REY ES DÉBIL, SE LE OPONDRÁN Y LO DERROCARÁN.
DEBES DECIDIR.
ENTONCES LUCHAREMOS...
...PERO TENDRÁS QUE AYUDARME A ENCONTRAR LA FORMA. MIS OCHENTA CABALLEROS DEBERÁN DERROTAR A DOCE VECES MÁS ENEMIGOS.
OH, CREO QUE PUEDO HACER ALGO, MI REY.

UNA LECCIÓN PARA EL REY LOT

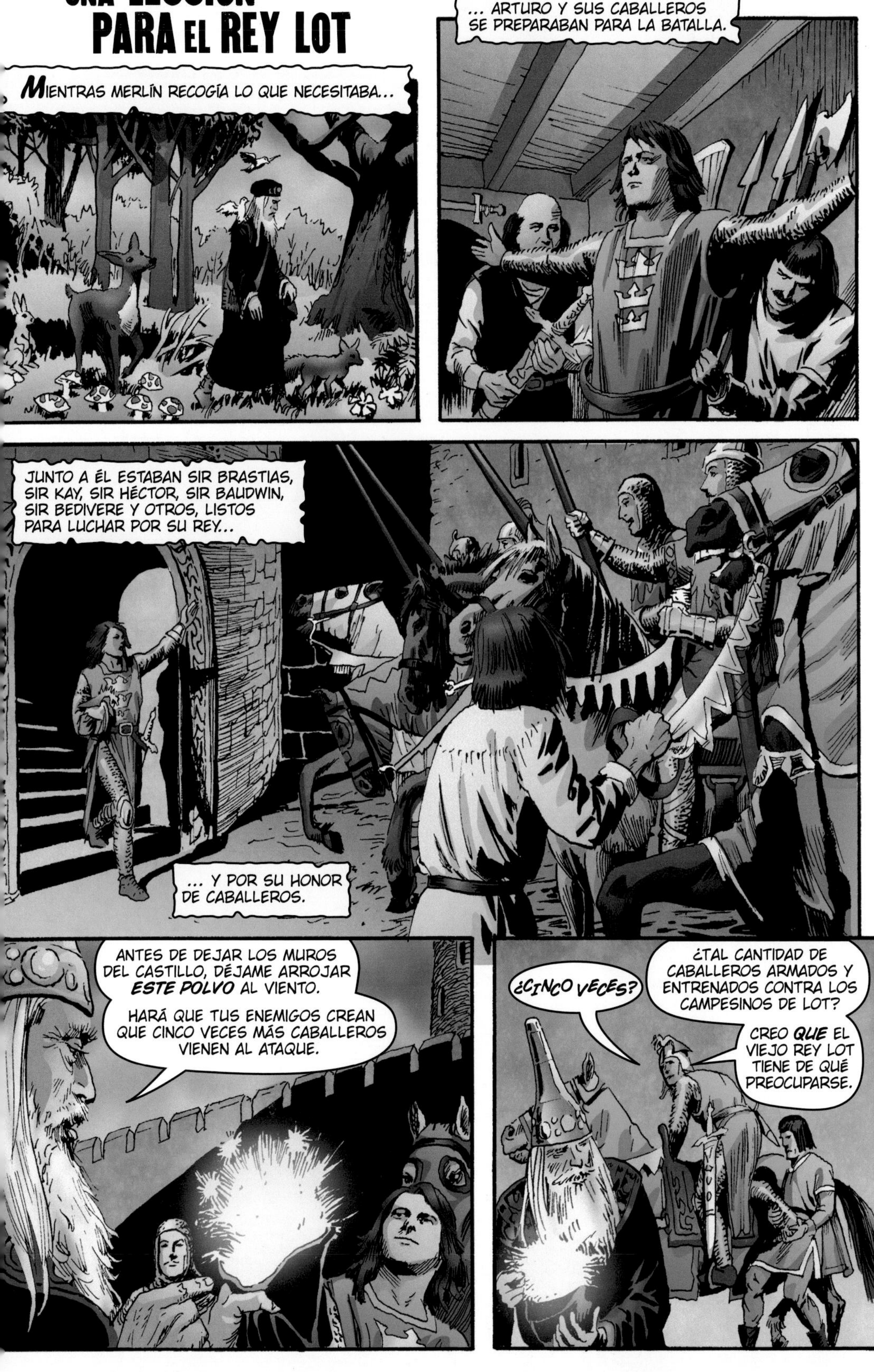
MIENTRAS MERLÍN RECOGÍA LO QUE NECESITABA...
... ARTURO Y SUS CABALLEROS SE PREPARABAN PARA LA BATALLA.
JUNTO A ÉL ESTABAN SIR BRASTIAS, SIR KAY, SIR HÉCTOR, SIR BAUDWIN, SIR BEDIVERE Y OTROS, LISTOS PARA LUCHAR POR SU REY...
... Y POR SU HONOR DE CABALLEROS.
ANTES DE DEJAR LOS MUROS DEL CASTILLO, DÉJAME ARROJAR ESTE POLVO AL VIENTO.
HARÁ QUE TUS ENEMIGOS CREAN QUE CINCO VECES MÁS CABALLEROS VIENEN AL ATAQUE.
¿CINCO VECES?
¿TAL CANTIDAD DE CABALLEROS ARMADOS Y ENTRENADOS CONTRA LOS CAMPESINOS DE LOT?
CREO QUE EL VIEJO REY LOT TIENE DE QUÉ PREOCUPARSE.

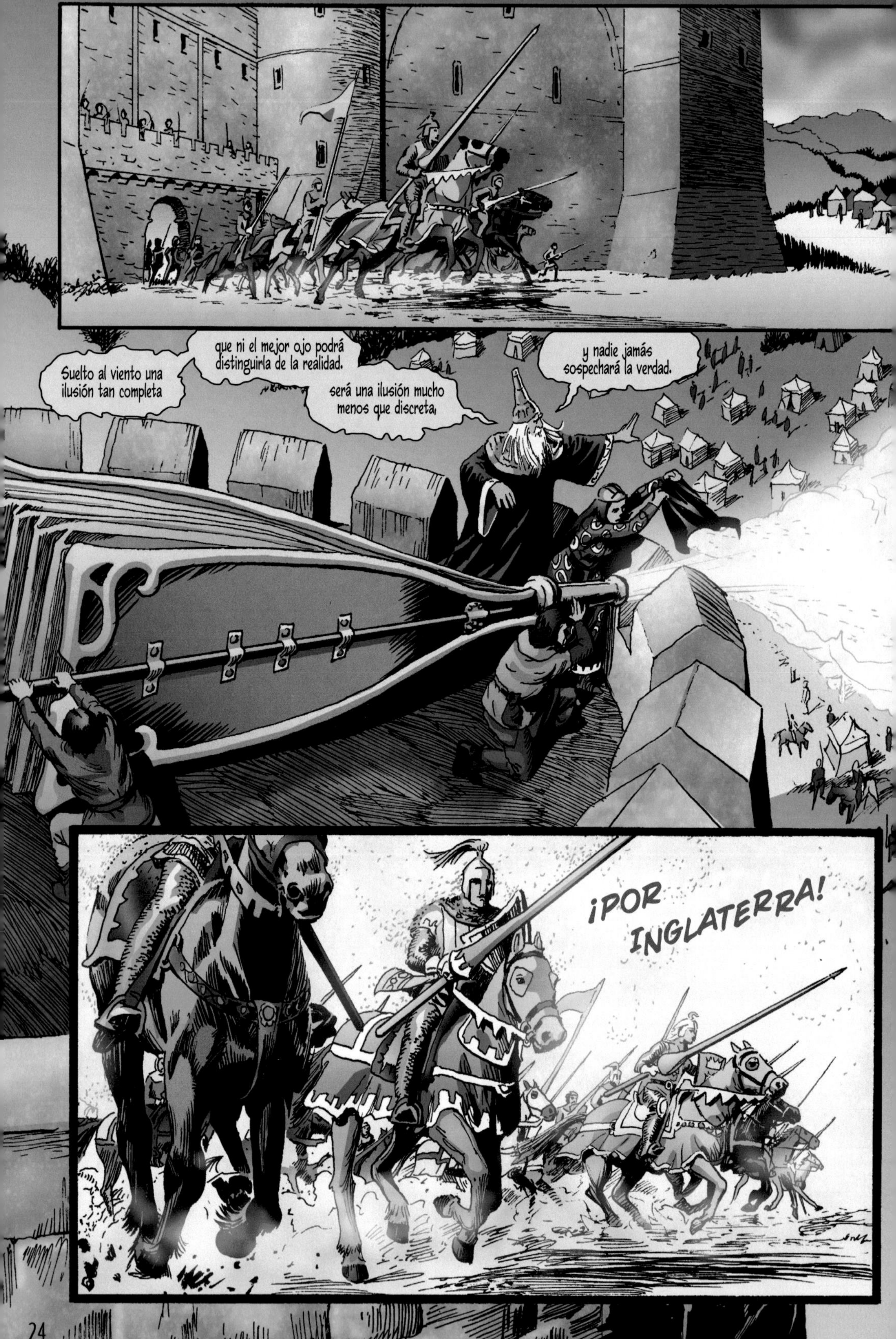
Suelto al viento una ilusión tan completa
que ni el mejor ojo podrá distinguirla de la realidad.
será una ilusión mucho menos que discreta,
y nadie jamás sospechará la verdad.
¡POR INGLATERRA!

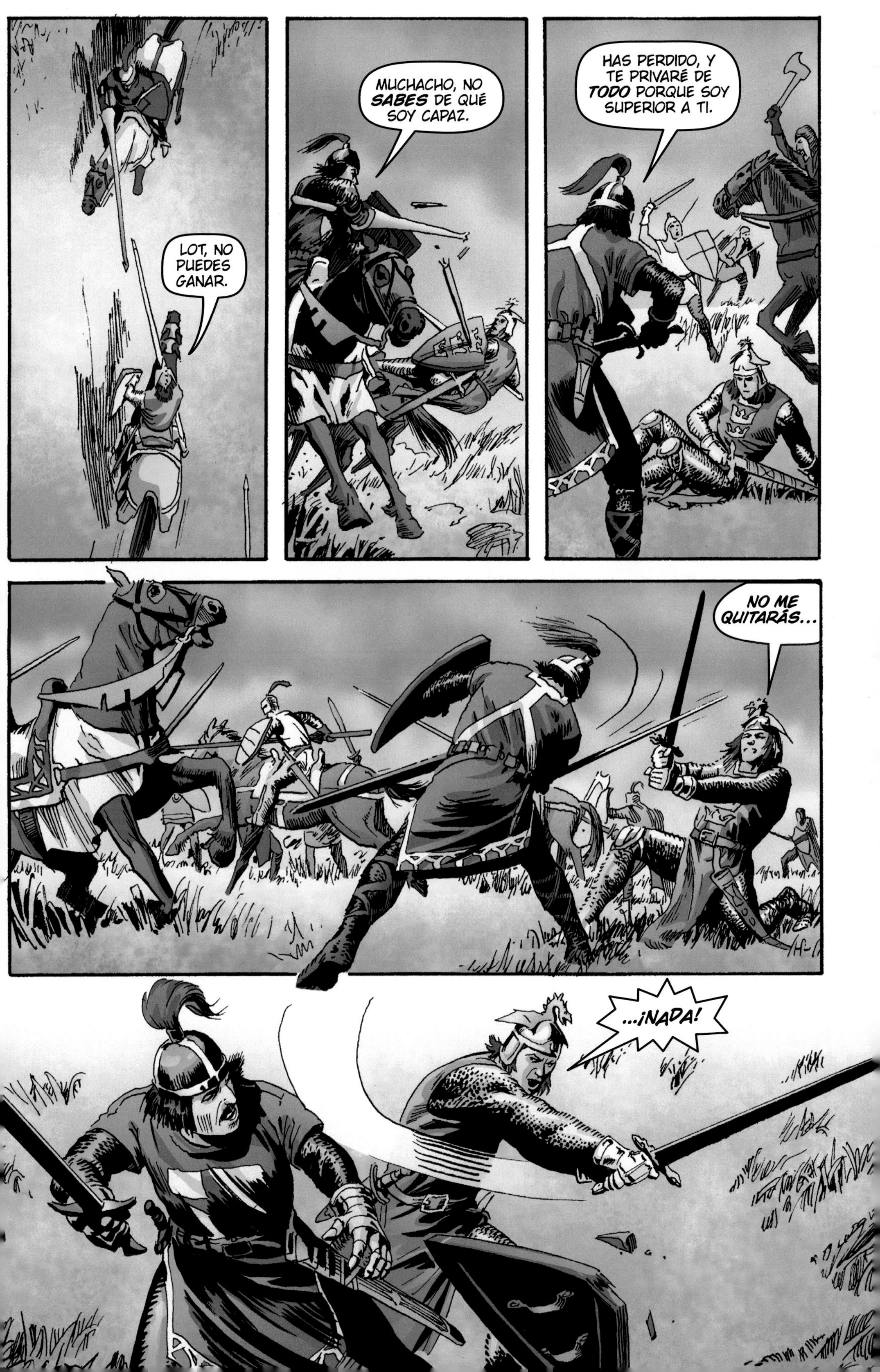
LOT, NO PUEDES GANAR.
MUCHACHO, NO SABES DE QUÉ SOY CAPAZ.
HAS PERDIDO, Y TE PRIVARÉ DE TODO PORQUE SOY SUPERIOR A TI.
NO ME QUITARÁS...
...¡NADA!

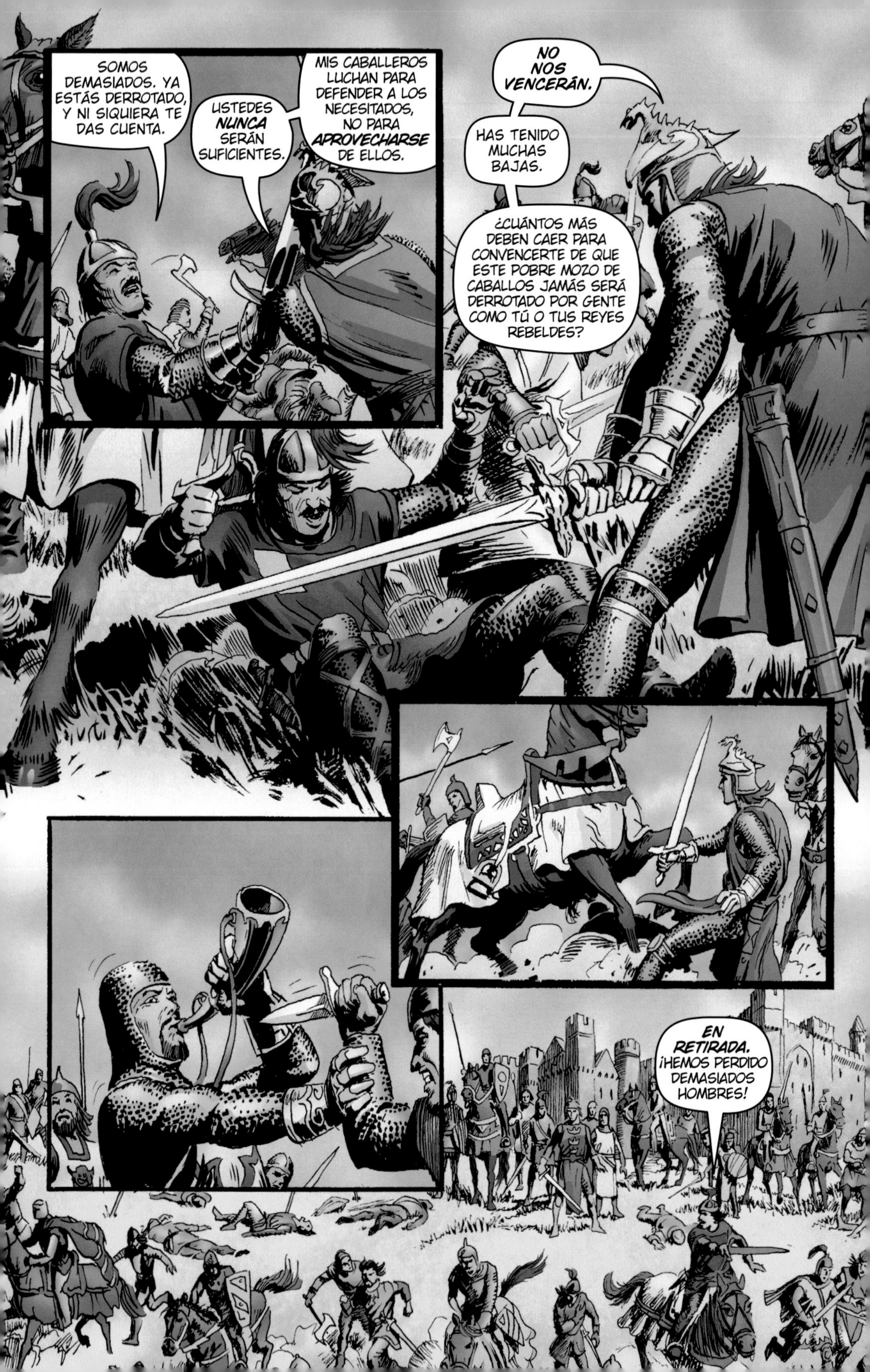
SOMOS DEMASIADOS. YA ESTÁS DERROTADO, Y NI SIQUIERA TE DAS CUENTA.
USTEDES NUNCA SERÁN SUFICIENTES.
MIS CABALLEROS LUCHAN PARA DEFENDER A LOS NECESITADOS, NO PARA APROVECHARSE DE ELLOS.
NO NOS VENCERÁN.
HAS TENIDO MUCHAS BAJAS.
¿CUÁNTOS MÁS DEBEN CAER PARA CONVENCERTE DE QUE ESTE POBRE MOZO DE CABALLOS JAMÁS SERÁ DERROTADO POR GENTE COMO TÚ O TUS REYES REBELDES?
EN RETIRADA. ¡HEMOS PERDIDO DEMASIADOS HOMBRES!

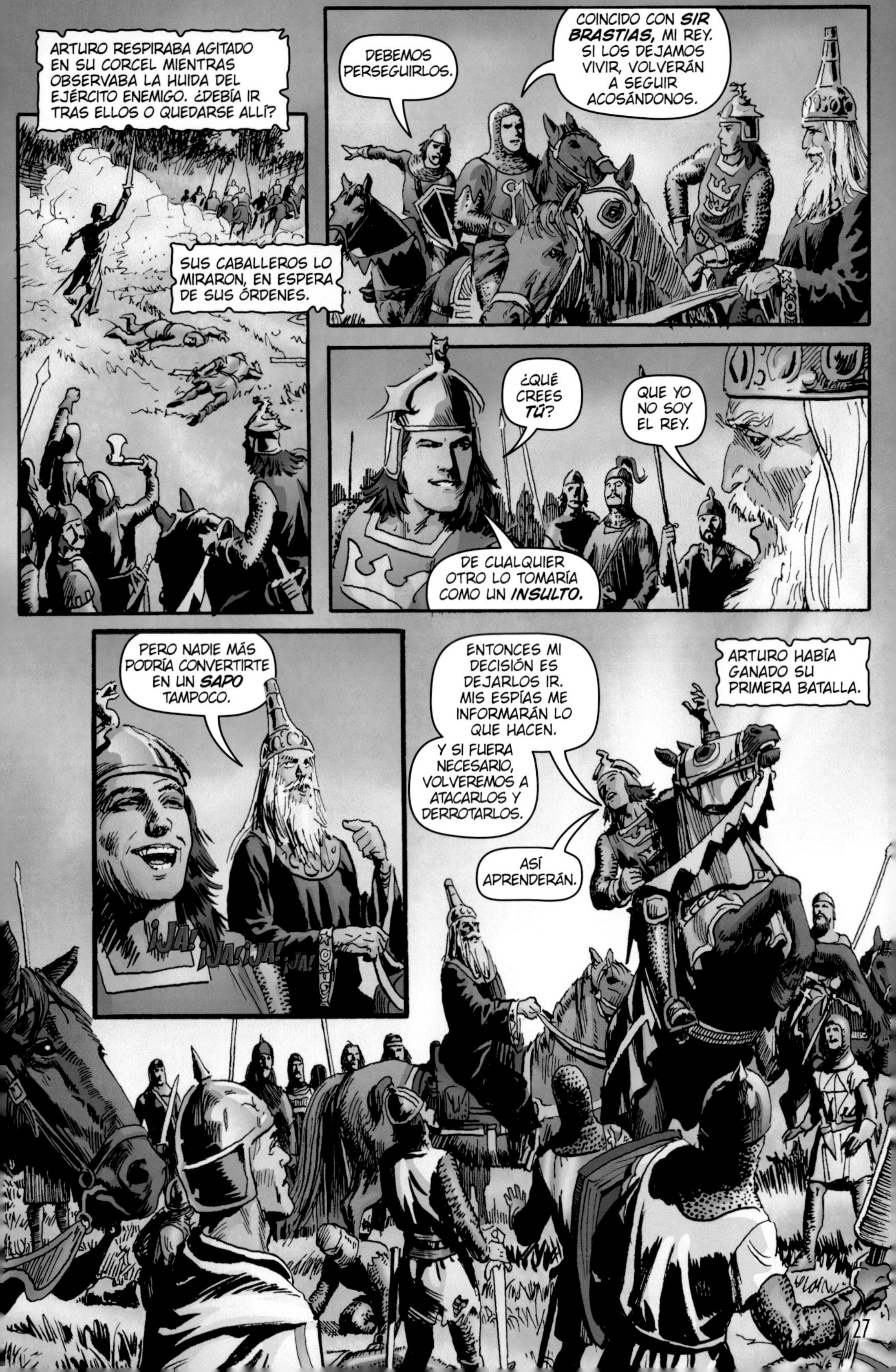
ARTURO RESPIRABA AGITADO EN SU CORCEL MIENTRAS OBSERVABA LA HUIDA DEL EJÉRCITO ENEMIGO. ¿DEBÍA IR TRAS ELLOS O QUEDARSE ALLÍ?
SUS CABALLEROS LO MIRARON, EN ESPERA DE SUS ÓRDENES.
DEBEMOS PERSEGUIRLOS.
COINCIDO CON **SIR BRASTIAS,** MI REY. SI LOS DEJAMOS VIVIR, VOLVERÁN A SEGUIR ACOSÁNDONOS.
¿QUÉ CREES ***TÚ***?
QUE YO NO SOY EL REY.
DE CUALQUIER OTRO LO TOMARÍA COMO UN ***INSULTO.***
PERO NADIE MÁS PODRÍA CONVERTIRTE EN UN ***SAPO*** TAMPOCO.
¡JA! ¡JA! ¡JA! ¡JA!
ENTONCES MI DECISIÓN ES DEJARLOS IR. MIS ESPÍAS ME INFORMARÁN LO QUE HACEN.
Y SI FUERA NECESARIO, VOLVEREMOS A ATACARLOS Y DERROTARLOS.
ASÍ APRENDERÁN.
ARTURO HABÍA GANADO SU PRIMERA BATALLA.

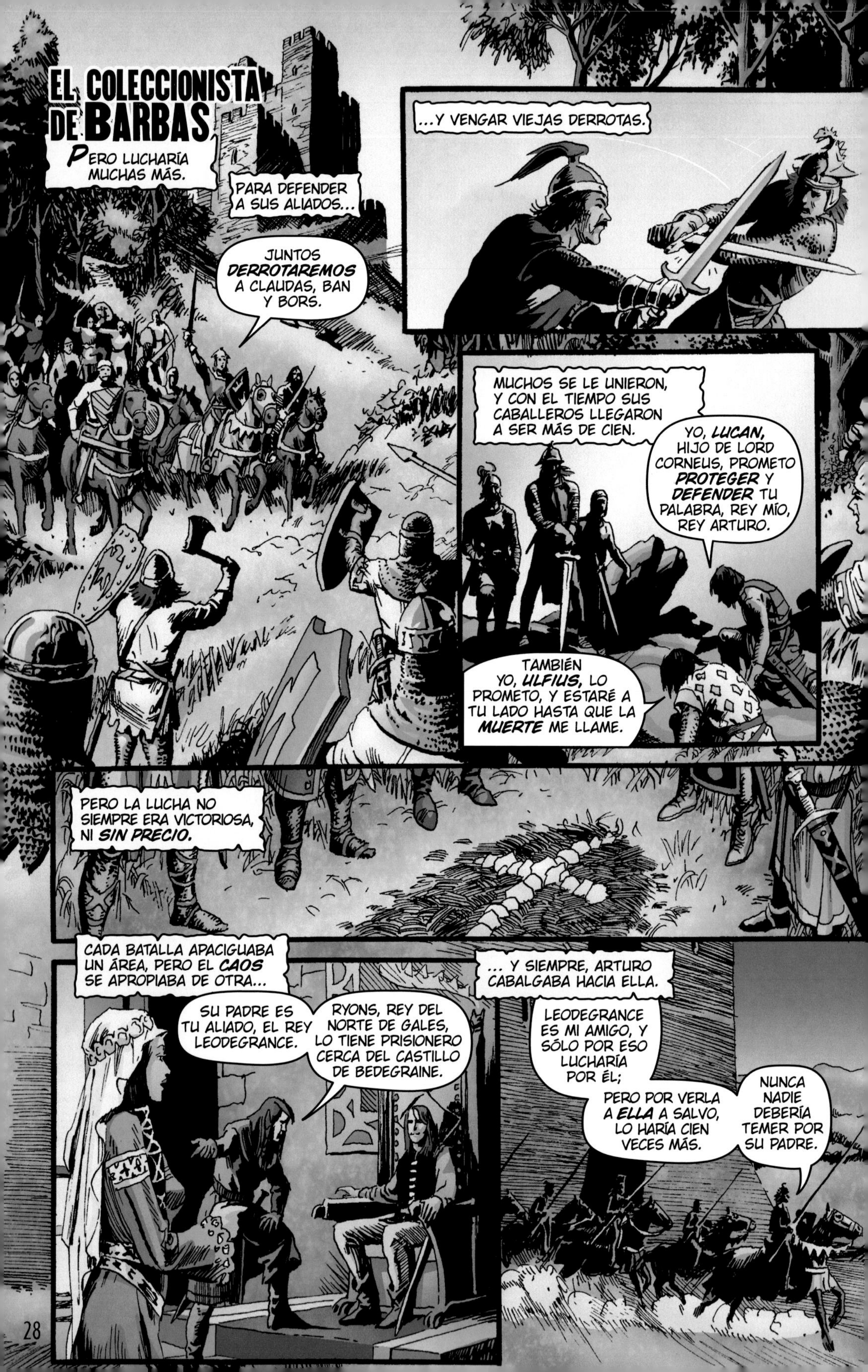

EL COLECCIONISTA DE BARBAS
PERO LUCHARÍA MUCHAS MÁS.
PARA DEFENDER A SUS ALIADOS...
JUNTOS DERROTAREMOS A CLAUDAS, BAN Y BORS.
...Y VENGAR VIEJAS DERROTAS.
MUCHOS SE LE UNIERON, Y CON EL TIEMPO SUS CABALLEROS LLEGARON A SER MÁS DE CIEN.
YO, LUCAN, HIJO DE LORD CORNEUS, PROMETO PROTEGER Y DEFENDER TU PALABRA, REY MÍO, REY ARTURO.
TAMBIÉN YO, ULFIUS, LO PROMETO, Y ESTARÉ A TU LADO HASTA QUE LA MUERTE ME LLAME.
PERO LA LUCHA NO SIEMPRE ERA VICTORIOSA, NI SIN PRECIO.
CADA BATALLA APACIGUABA UN ÁREA, PERO EL CAOS SE APROPIABA DE OTRA...
SU PADRE ES TU ALIADO, EL REY LEODEGRANCE.
RYONS, REY DEL NORTE DE GALES, LO TIENE PRISIONERO CERCA DEL CASTILLO DE BEDEGRAINE.
... Y SIEMPRE, ARTURO CABALGABA HACIA ELLA.
LEODEGRANCE ES MI AMIGO, Y SÓLO POR ESO LUCHARÍA POR ÉL;
PERO POR VERLA A ELLA A SALVO, LO HARÍA CIEN VECES MÁS.
NUNCA NADIE DEBERÍA TEMER POR SU PADRE.

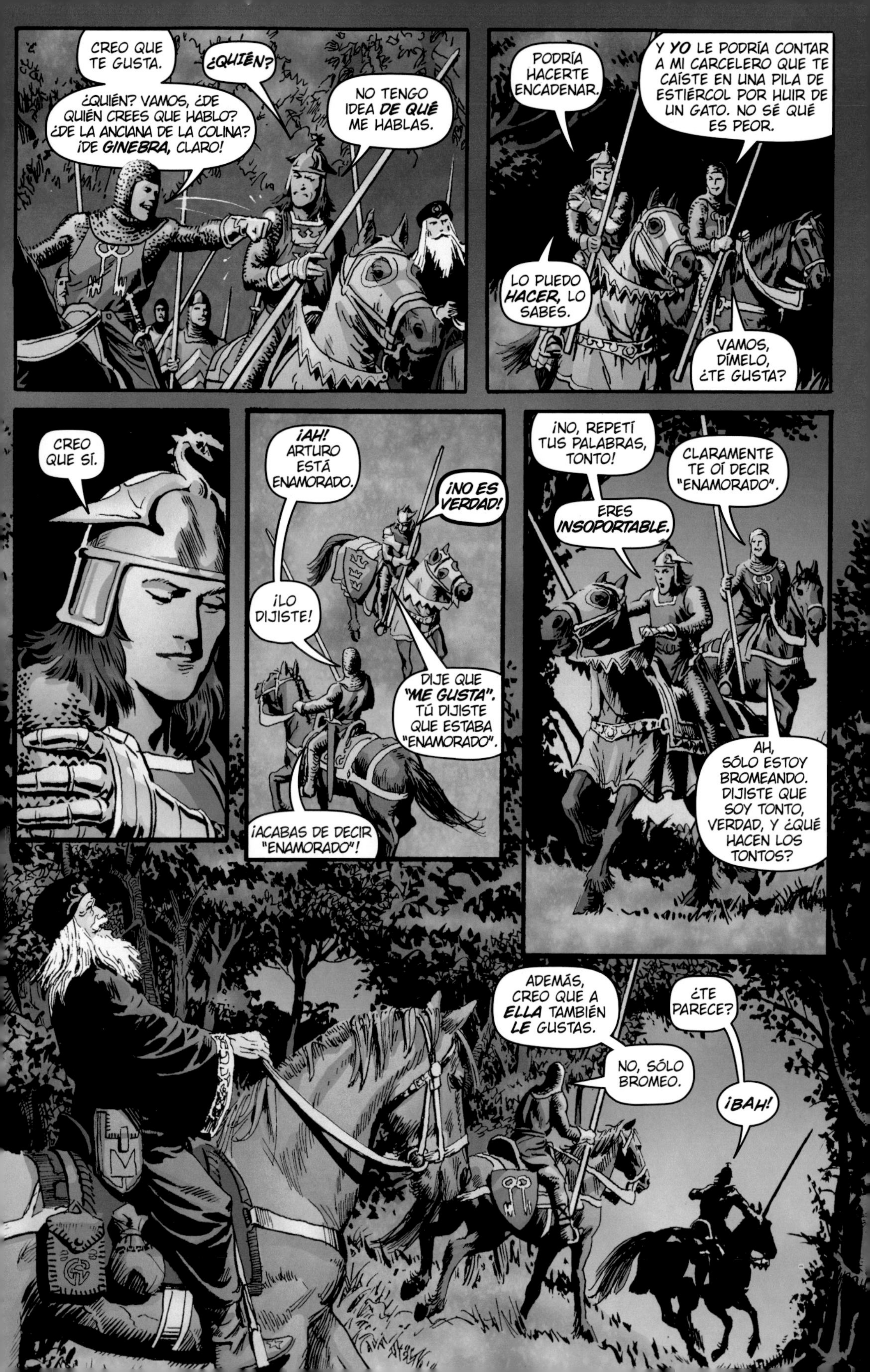
CREO QUE TE GUSTA.
¿QUIÉN?
¿QUIÉN? VAMOS, ¿DE QUIÉN CREES QUE HABLO? ¿DE LA ANCIANA DE LA COLINA? ¡DE GINEBRA, CLARO!
NO TENGO IDEA DE QUÉ ME HABLAS.
PODRÍA HACERTE ENCADENAR.
Y YO LE PODRÍA CONTAR A MI CARCELERO QUE TE CAÍSTE EN UNA PILA DE ESTIÉRCOL POR HUIR DE UN GATO. NO SÉ QUÉ ES PEOR.
LO PUEDO HACER, LO SABES.
VAMOS, DÍMELO, ¿TE GUSTA?
CREO QUE SÍ.
¡AH! ARTURO ESTÁ ENAMORADO.
¡NO ES VERDAD!
¡LO DIJISTE!
DIJE QUE "ME GUSTA". TÚ DIJISTE QUE ESTABA "ENAMORADO".
¡ACABAS DE DECIR "ENAMORADO"!
¡NO, REPETÍ TUS PALABRAS, TONTO!
CLARAMENTE TE OÍ DECIR "ENAMORADO".
ERES INSOPORTABLE.
AH, SÓLO ESTOY BROMEANDO. DIJISTE QUE SOY TONTO, VERDAD, Y ¿QUÉ HACEN LOS TONTOS?
ADEMÁS, CREO QUE A ELLA TAMBIÉN LE GUSTAS.
¿TE PARECE?
NO, SÓLO BROMEO.
¡BAH!

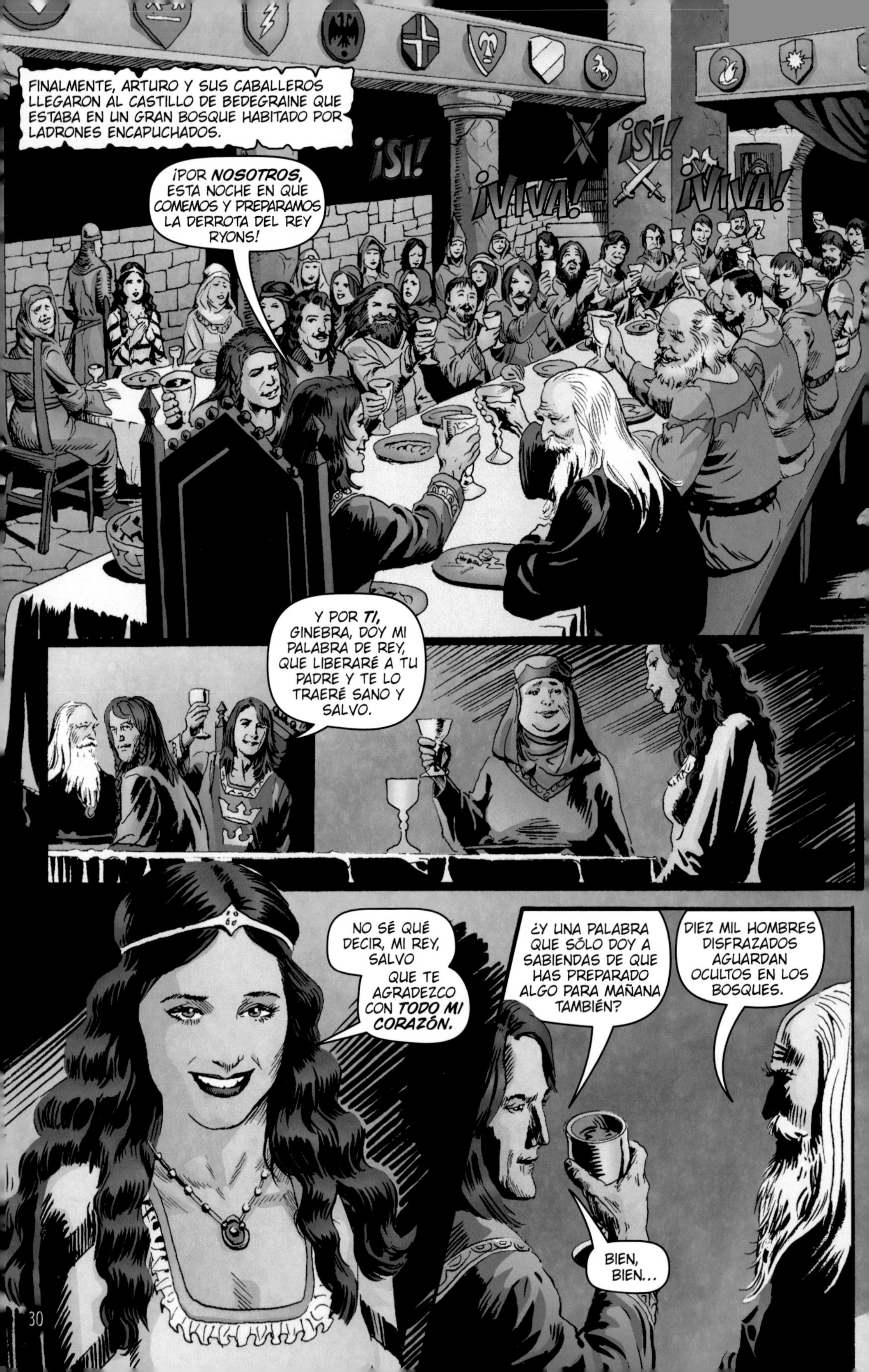
FINALMENTE, ARTURO Y SUS CABALLEROS LLEGARON AL CASTILLO DE BEDEGRAINE QUE ESTABA EN UN GRAN BOSQUE HABITADO POR LADRONES ENCAPUCHADOS.
¡SÍ!
¡SÍ!
¡VIVA!
¡VIVA!
¡POR **NOSOTROS,** ESTA NOCHE EN QUE COMEMOS Y PREPARAMOS LA DERROTA DEL REY RYONS!
Y POR ***TI,*** GINEBRA, DOY MI PALABRA DE REY, QUE LIBERARÉ A TU PADRE Y TE LO TRAERÉ SANO Y SALVO.
NO SÉ QUÉ DECIR, MI REY, SALVO QUE TE AGRADEZCO CON ***TODO MI CORAZÓN.***
¿Y UNA PALABRA QUE SÓLO DOY A SABIENDAS DE QUE HAS PREPARADO ALGO PARA MAÑANA TAMBIÉN?
DIEZ MIL HOMBRES DISFRAZADOS AGUARDAN OCULTOS EN LOS BOSQUES.
BIEN, BIEN...

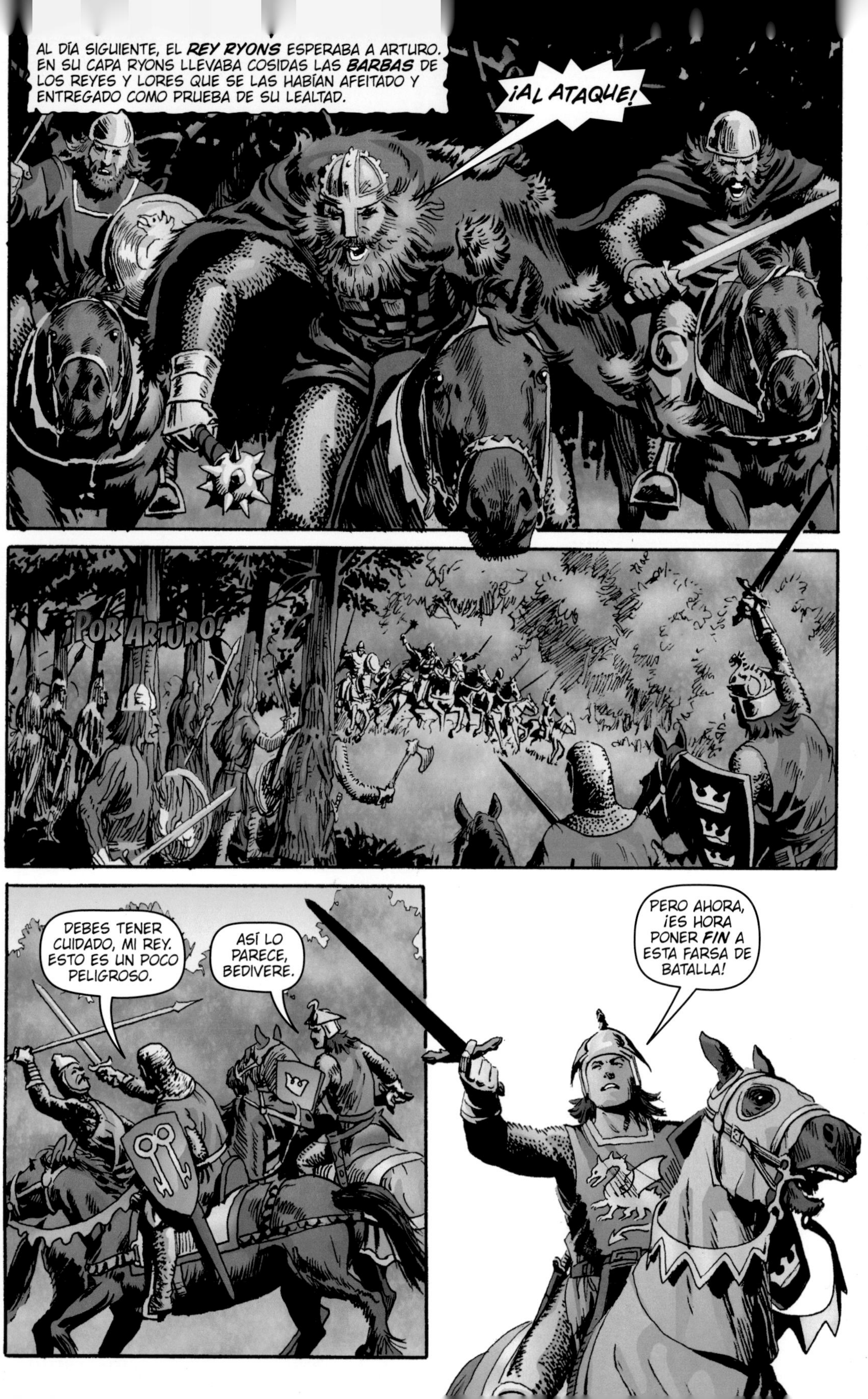
AL DÍA SIGUIENTE, EL REY RYONS ESPERABA A ARTURO. EN SU CAPA RYONS LLEVABA COSIDAS LAS BARBAS DE LOS REYES Y LORES QUE SE LAS HABÍAN AFEITADO Y ENTREGADO COMO PRUEBA DE SU LEALTAD.
¡AL ATAQUE!
¡POR ARTURO!
DEBES TENER CUIDADO, MI REY. ESTO ES UN POCO PELIGROSO.
ASÍ LO PARECE, BEDIVERE.
PERO AHORA, ¡ES HORA PONER FIN A ESTA FARSA DE BATALLA!

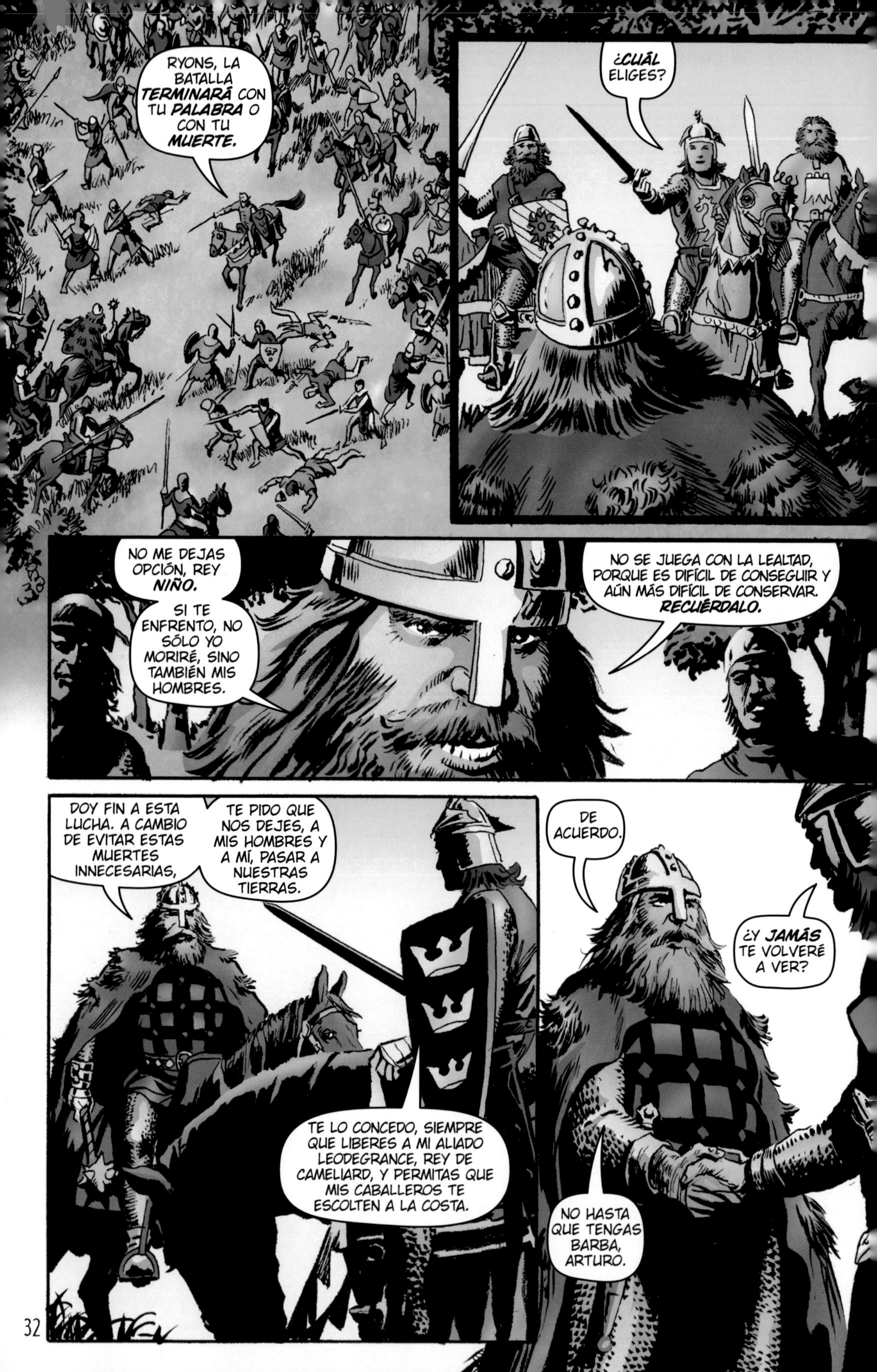
RYONS, LA BATALLA TERMINARÁ CON TU PALABRA O CON TU MUERTE.
¿CUÁL ELIGES?
NO ME DEJAS OPCIÓN, REY NIÑO.
SI TE ENFRENTO, NO SÓLO YO MORIRÉ, SINO TAMBIÉN MIS HOMBRES.
NO SE JUEGA CON LA LEALTAD, PORQUE ES DIFÍCIL DE CONSEGUIR Y AÚN MÁS DIFÍCIL DE CONSERVAR. RECUÉRDALO.
DOY FIN A ESTA LUCHA. A CAMBIO DE EVITAR ESTAS MUERTES INNECESARIAS,
TE PIDO QUE NOS DEJES, A MIS HOMBRES Y A MÍ, PASAR A NUESTRAS TIERRAS.
TE LO CONCEDO, SIEMPRE QUE LIBERES A MI ALIADO LEODEGRANCE, REY DE CAMELIARD, Y PERMITAS QUE MIS CABALLEROS TE ESCOLTEN A LA COSTA.
DE ACUERDO.
¿Y JAMÁS TE VOLVERÉ A VER?
NO HASTA QUE TENGAS BARBA, ARTURO.

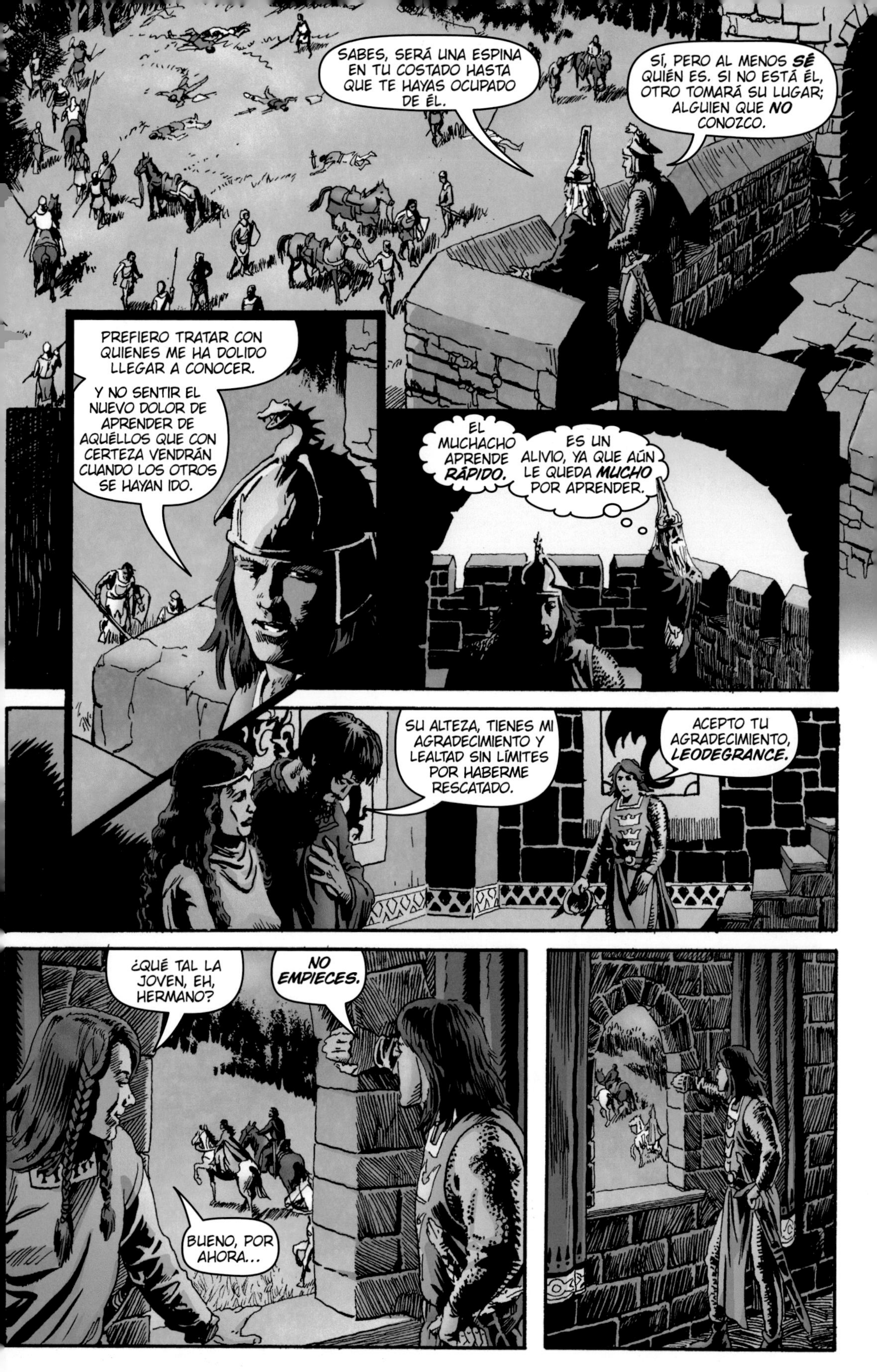

SABES, SERÁ UNA ESPINA EN TU COSTADO HASTA QUE TE HAYAS OCUPADO DE ÉL.
SÍ, PERO AL MENOS **SÉ** QUIÉN ES. SI NO ESTÁ ÉL, OTRO TOMARÁ SU LUGAR; ALGUIEN QUE **NO** CONOZCO.
PREFIERO TRATAR CON QUIENES ME HA DOLIDO LLEGAR A CONOCER.
Y NO SENTIR EL NUEVO DOLOR DE APRENDER DE AQUÉLLOS QUE CON CERTEZA VENDRÁN CUANDO LOS OTROS SE HAYAN IDO.
EL MUCHACHO APRENDE ***RÁPIDO.***
ES UN ALIVIO, YA QUE AÚN LE QUEDA ***MUCHO*** POR APRENDER.
SU ALTEZA, TIENES MI AGRADECIMIENTO Y LEALTAD SIN LÍMITES POR HABERME RESCATADO.
ACEPTO TU AGRADECIMIENTO, ***LEODEGRANCE.***
¿QUÉ TAL LA JOVEN, EH, HERMANO?
NO EMPIECES.
BUENO, POR AHORA...

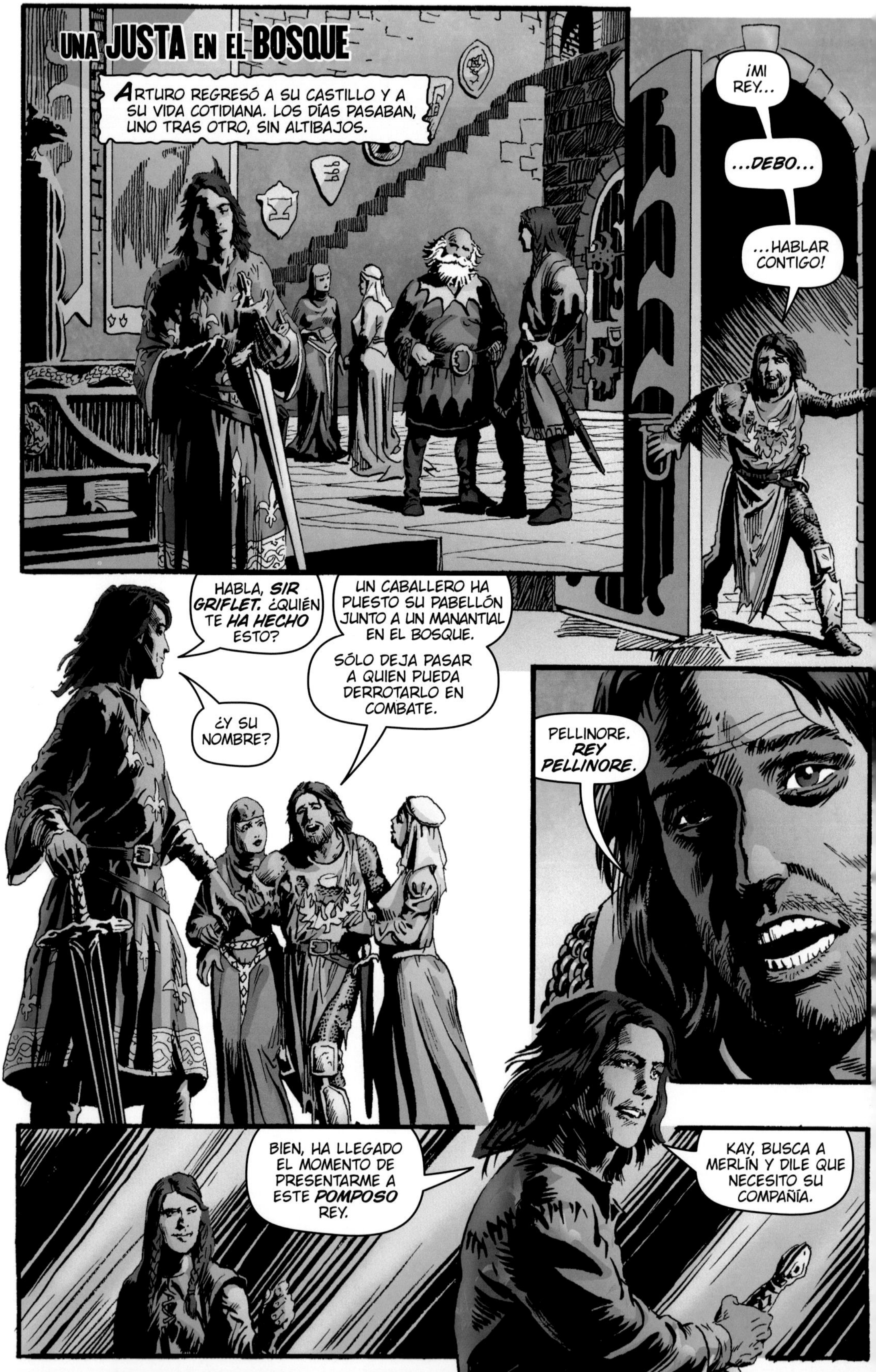
UNA JUSTA EN EL BOSQUE
ARTURO REGRESÓ A SU CASTILLO Y A SU VIDA COTIDIANA. LOS DÍAS PASABAN, UNO TRAS OTRO, SIN ALTIBAJOS.
¡MI REY...
...DEBO...
...HABLAR CONTIGO!
HABLA, SIR GRIFLET. ¿QUIÉN TE HA HECHO ESTO?
UN CABALLERO HA PUESTO SU PABELLÓN JUNTO A UN MANANTIAL EN EL BOSQUE.
SÓLO DEJA PASAR A QUIEN PUEDA DERROTARLO EN COMBATE.
¿Y SU NOMBRE?
PELLINORE. REY PELLINORE.
BIEN, HA LLEGADO EL MOMENTO DE PRESENTARME A ESTE POMPOSO REY.
KAY, BUSCA A MERLÍN Y DILE QUE NECESITO SU COMPAÑÍA.

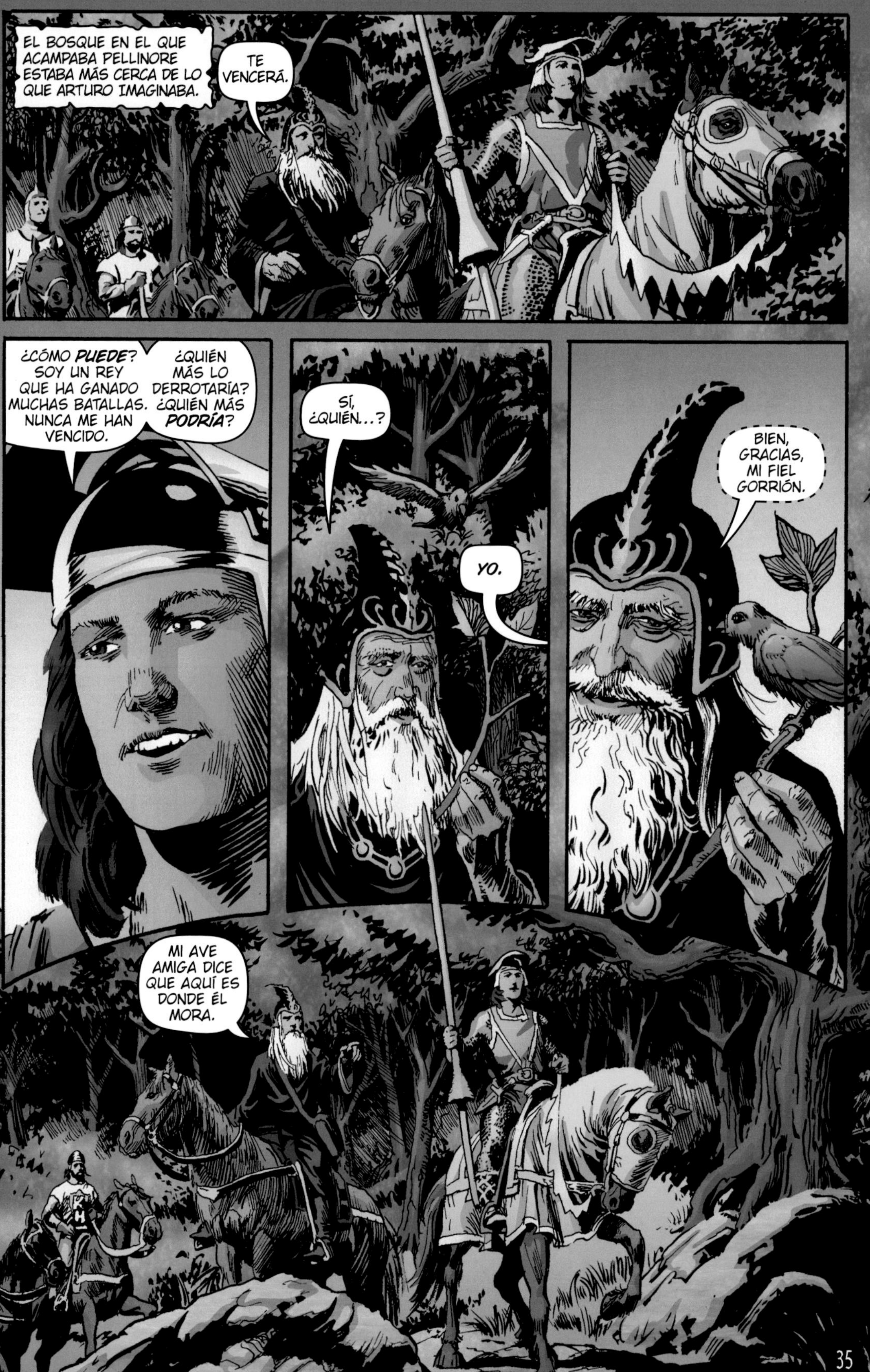
EL BOSQUE EN EL QUE ACAMPABA PELLINORE ESTABA MÁS CERCA DE LO QUE ARTURO IMAGINABA.
TE VENCERÁ.
¿CÓMO ***PUEDE***? SOY UN REY QUE HA GANADO MUCHAS BATALLAS. NUNCA ME HAN VENCIDO.
¿QUIÉN MÁS LO DERROTARÍA? ¿QUIÉN MÁS ***PODRÍA***?
SÍ, ¿QUIÉN...?
YO.
BIEN, GRACIAS, MI FIEL GORRIÓN.
MI AVE AMIGA DICE QUE AQUÍ ES DONDE ÉL MORA.

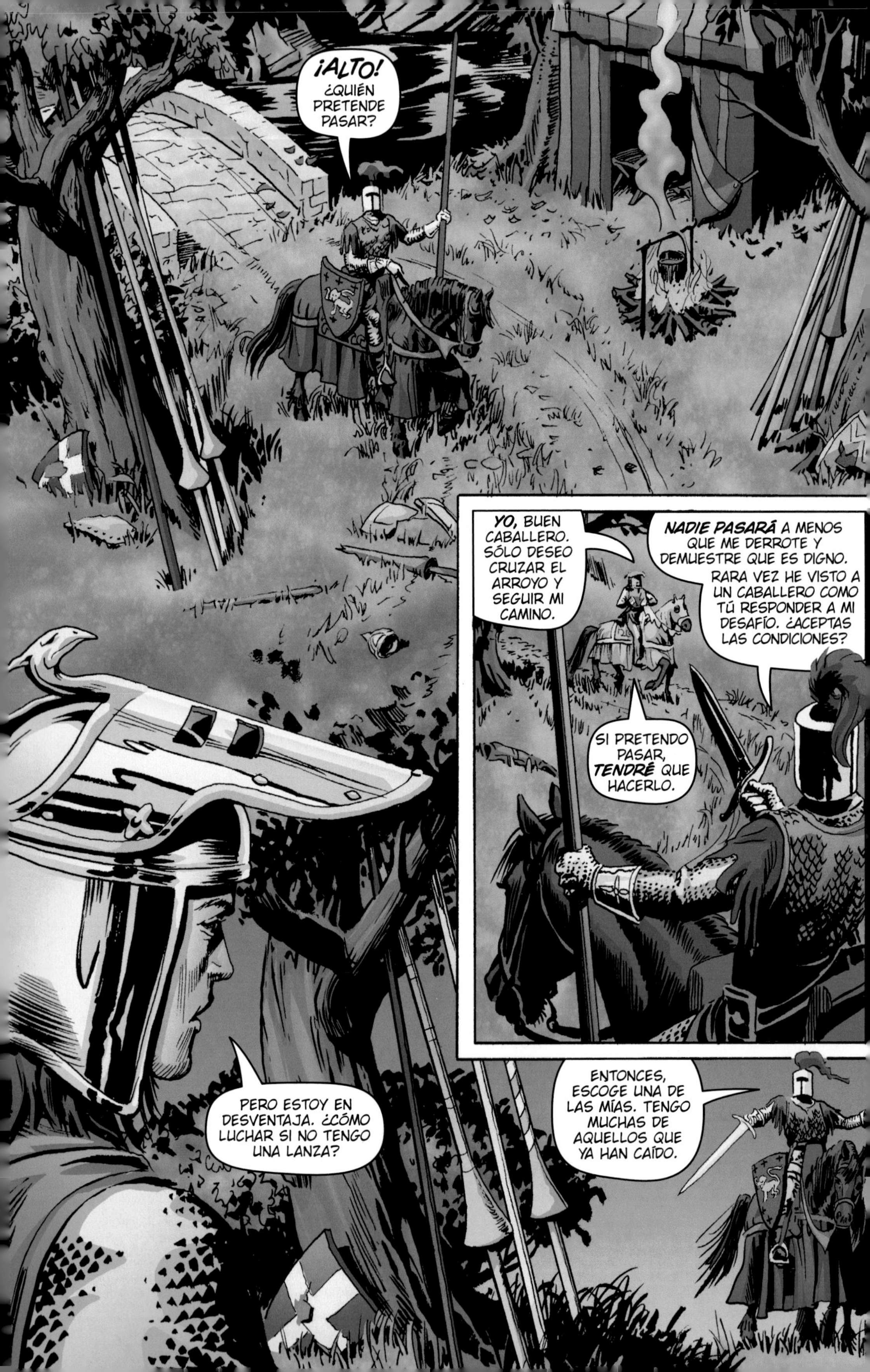
¡ALTO! ¿QUIÉN PRETENDE PASAR?
YO, BUEN CABALLERO. SÓLO DESEO CRUZAR EL ARROYO Y SEGUIR MI CAMINO.
NADIE PASARÁ A MENOS QUE ME DERROTE Y DEMUESTRE QUE ES DIGNO.
RARA VEZ HE VISTO A UN CABALLERO COMO TÚ RESPONDER A MI DESAFÍO. ¿ACEPTAS LAS CONDICIONES?
SI PRETENDO PASAR, TENDRÉ QUE HACERLO.
PERO ESTOY EN DESVENTAJA. ¿CÓMO LUCHAR SI NO TENGO UNA LANZA?
ENTONCES, ESCOGE UNA DE LAS MÍAS. TENGO MUCHAS DE AQUELLOS QUE YA HAN CAÍDO.

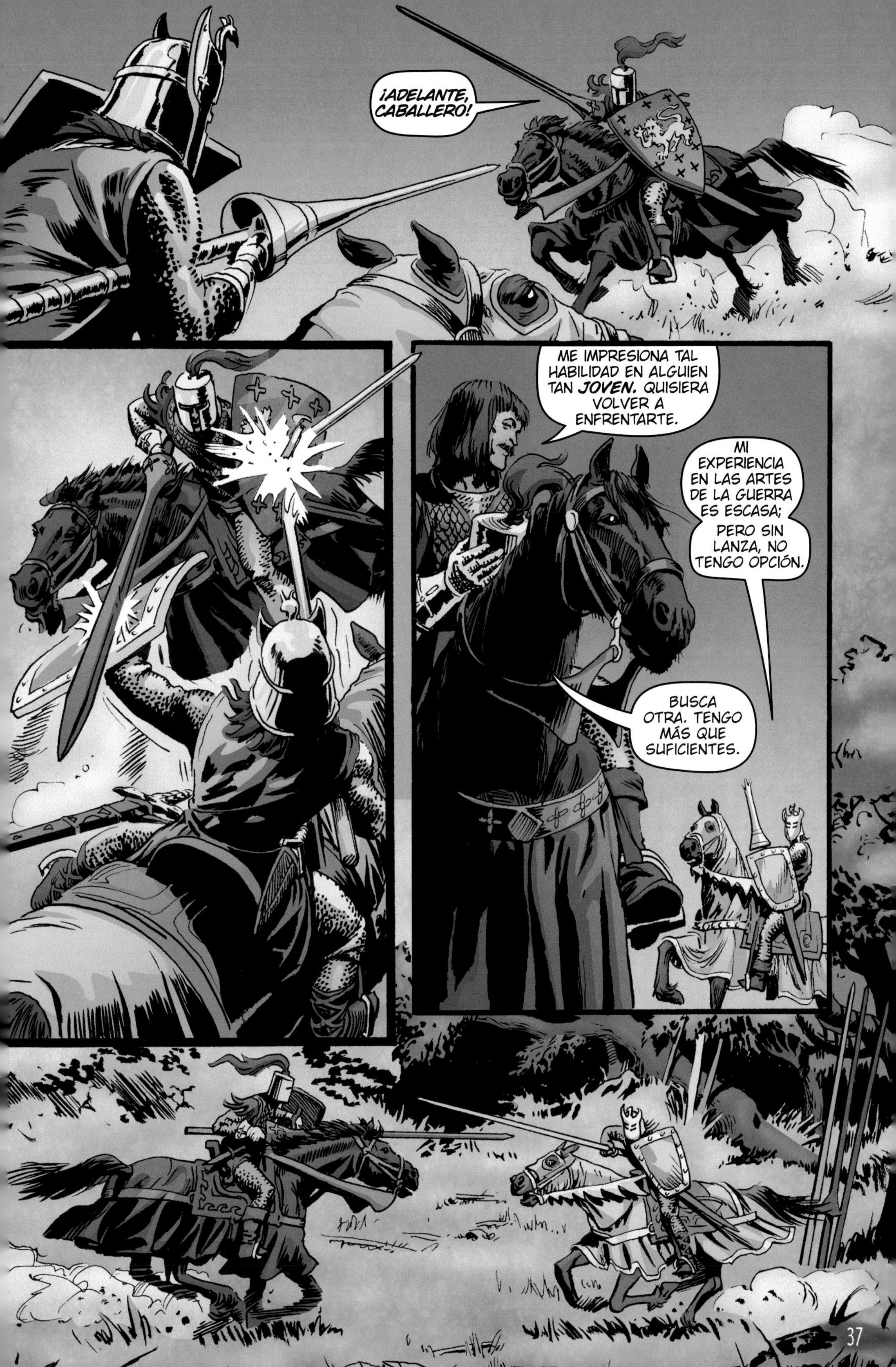
¡ADELANTE, CABALLERO!
ME IMPRESIONA TAL HABILIDAD EN ALGUIEN TAN *JOVEN.* QUISIERA VOLVER A ENFRENTARTE.
MI EXPERIENCIA EN LAS ARTES DE LA GUERRA ES ESCASA;
PERO SIN LANZA, NO TENGO OPCIÓN.
BUSCA OTRA. TENGO MÁS QUE SUFICIENTES.

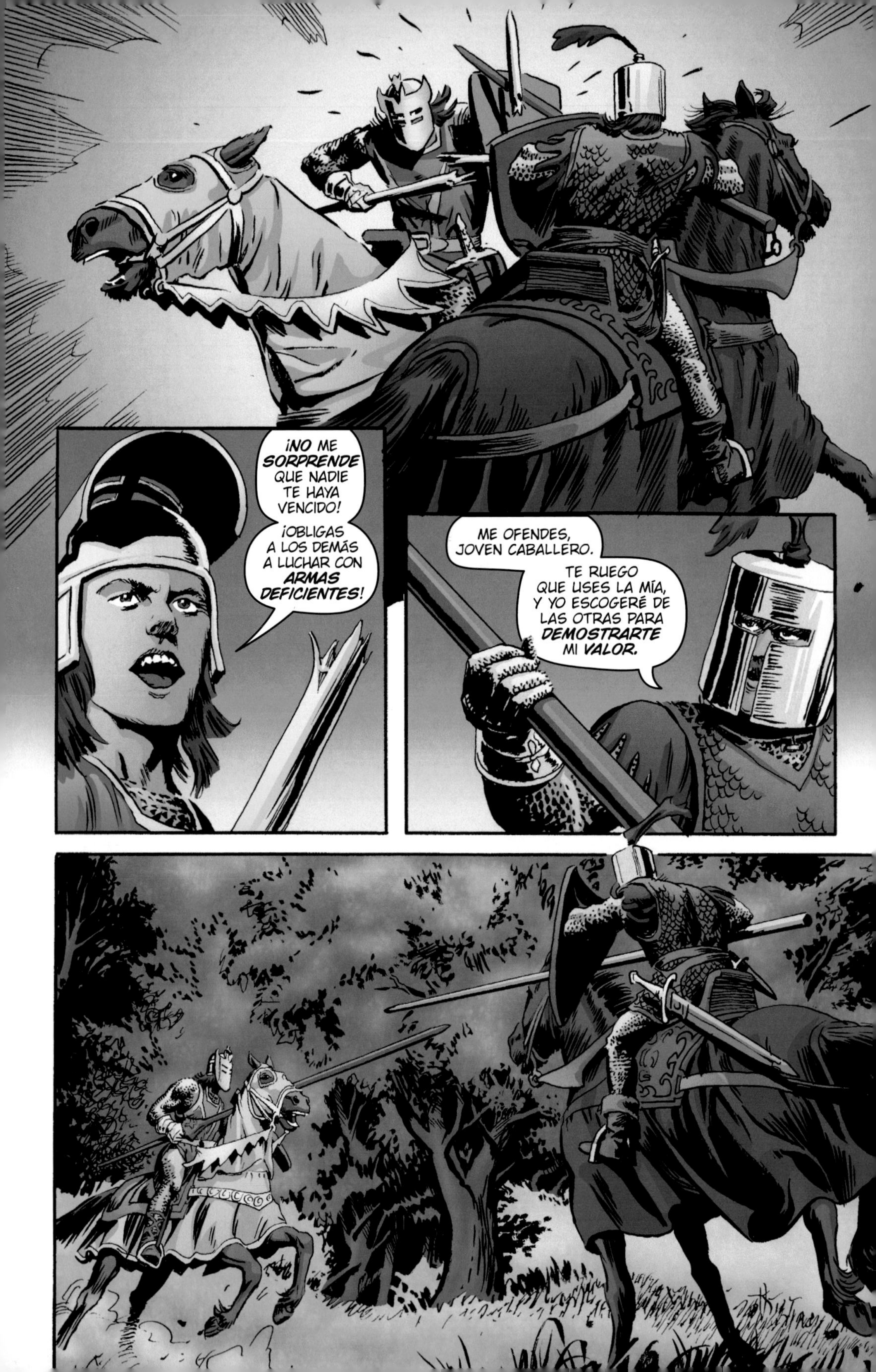

¡NO ME SORPRENDE QUE NADIE TE HAYA VENCIDO!
¡OBLIGAS A LOS DEMÁS A LUCHAR CON ARMAS DEFICIENTES!
ME OFENDES, JOVEN CABALLERO.
TE RUEGO QUE USES LA MÍA, Y YO ESCOGERÉ DE LAS OTRAS PARA DEMOSTRARTE MI VALOR.

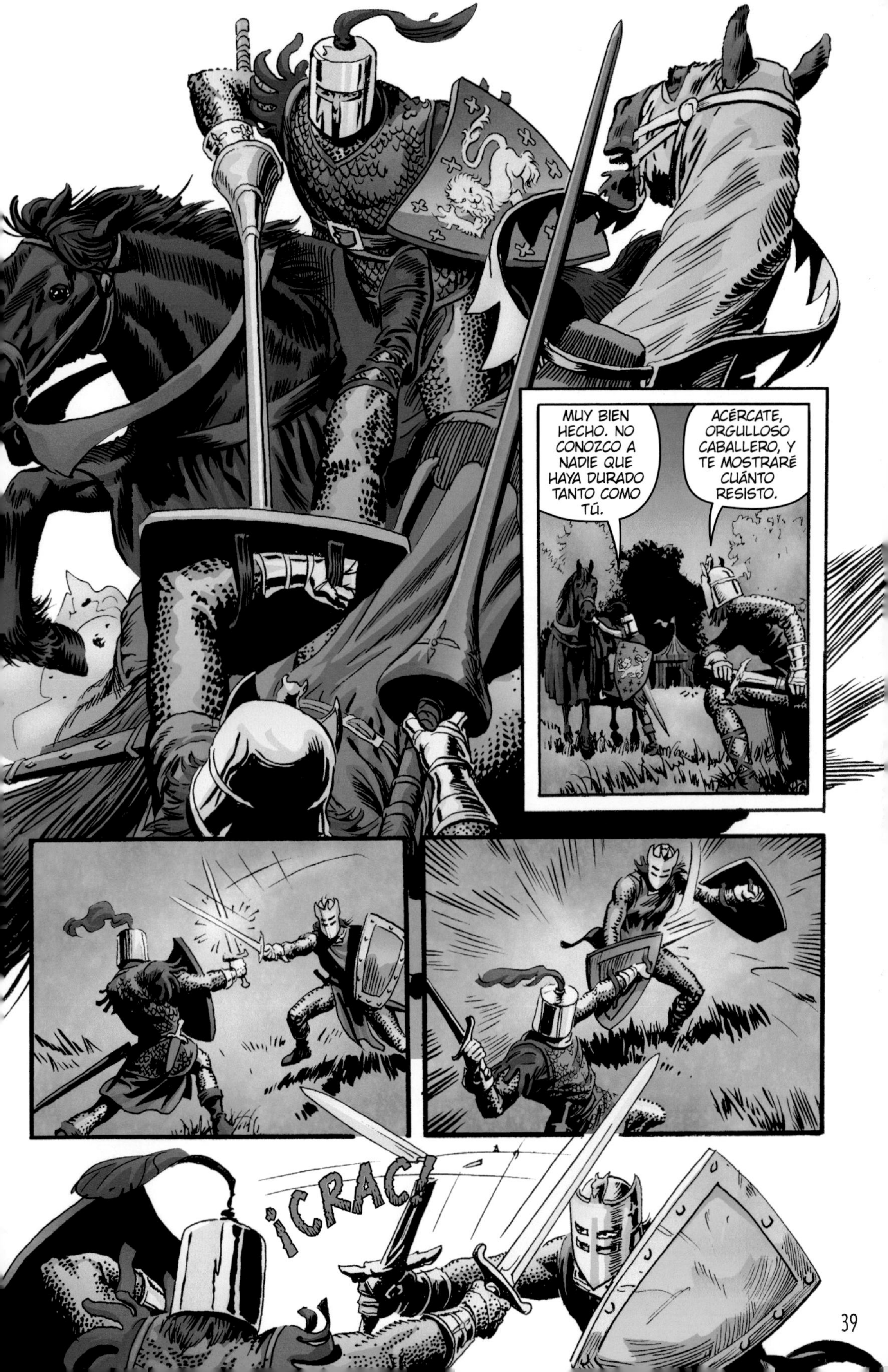
MUY BIEN HECHO. NO CONOZCO A NADIE QUE HAYA DURADO TANTO COMO TÚ.
ACÉRCATE, ORGULLOSO CABALLERO, Y TE MOSTRARÉ CUÁNTO RESISTO.
¡CRAC!

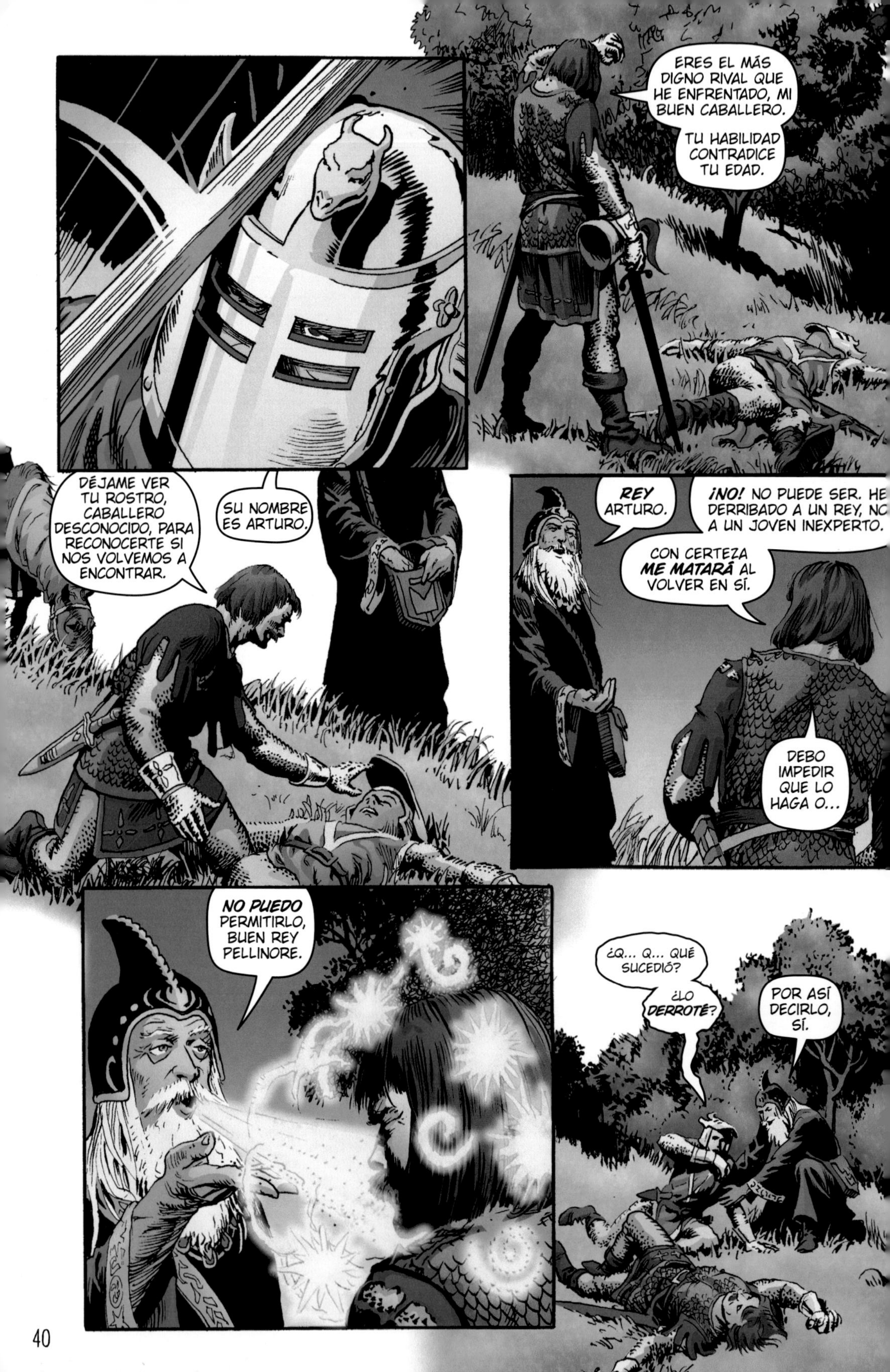
ERES EL MÁS DIGNO RIVAL QUE HE ENFRENTADO, MI BUEN CABALLERO.
TU HABILIDAD CONTRADICE TU EDAD.
DÉJAME VER TU ROSTRO, CABALLERO DESCONOCIDO, PARA RECONOCERTE SI NOS VOLVEMOS A ENCONTRAR.
SU NOMBRE ES ARTURO.
REY ARTURO.
¡NO! NO PUEDE SER. HE DERRIBADO A UN REY, NO A UN JOVEN INEXPERTO.
CON CERTEZA ME MATARÁ AL VOLVER EN SÍ.
DEBO IMPEDIR QUE LO HAGA O...
NO PUEDO PERMITIRLO, BUEN REY PELLINORE.
¿Q... Q... QUÉ SUCEDIÓ?
¿LO DERROTÉ?
POR ASÍ DECIRLO, SÍ.

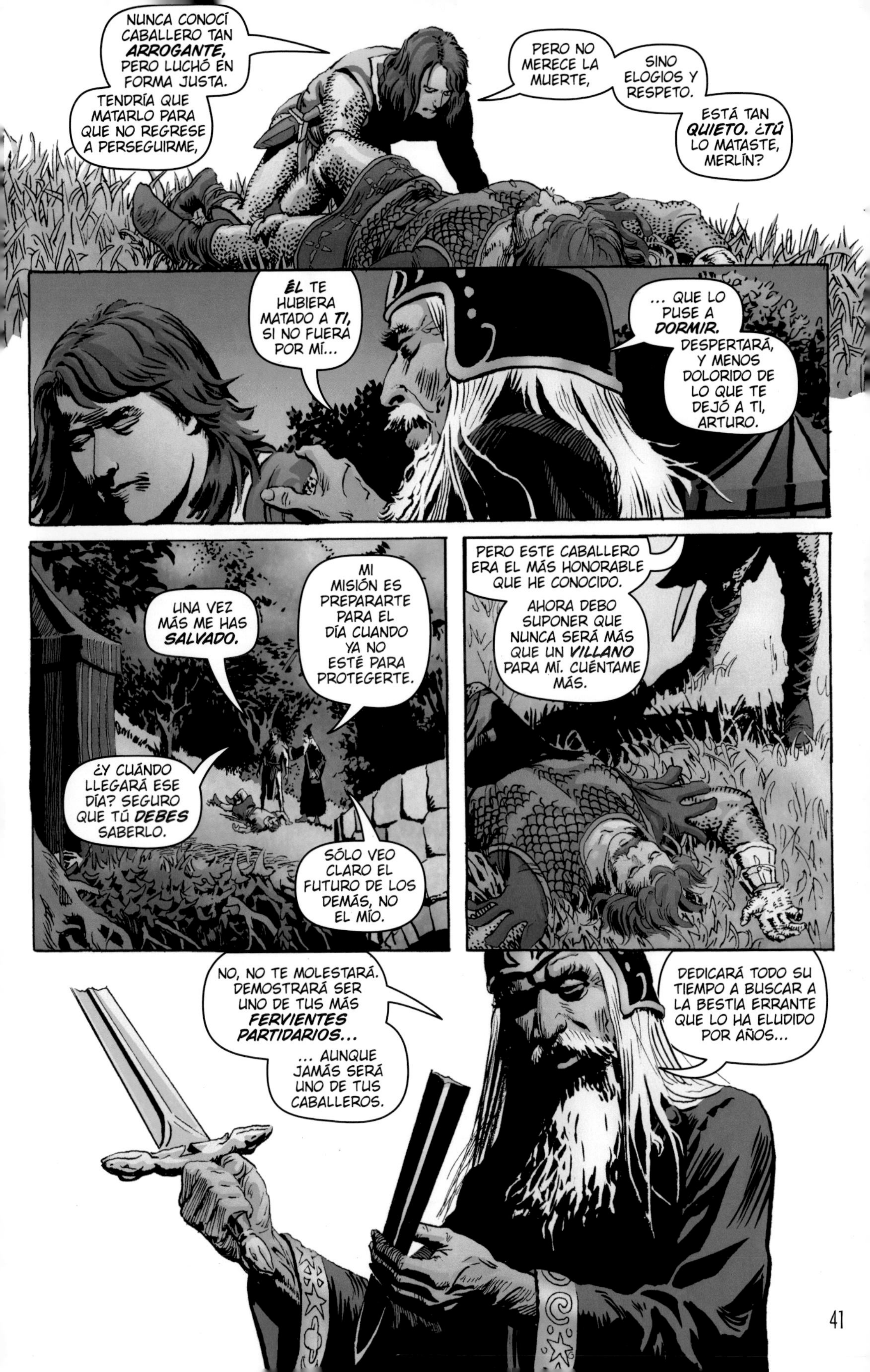
NUNCA CONOCÍ CABALLERO TAN ARROGANTE, PERO LUCHÓ EN FORMA JUSTA.
TENDRÍA QUE MATARLO PARA QUE NO REGRESE A PERSEGUIRME,
PERO NO MERECE LA MUERTE,
SINO ELOGIOS Y RESPETO.
ESTÁ TAN QUIETO. ¿TÚ LO MATASTE, MERLÍN?
ÉL TE HUBIERA MATADO A TI, SI NO FUERA POR MÍ...
... QUE LO PUSE A DORMIR.
DESPERTARÁ, Y MENOS DOLORIDO DE LO QUE TE DEJÓ A TI, ARTURO.
UNA VEZ MÁS ME HAS SALVADO.
MI MISIÓN ES PREPARARTE PARA EL DÍA CUANDO YA NO ESTÉ PARA PROTEGERTE.
¿Y CUÁNDO LLEGARÁ ESE DÍA? SEGURO QUE TÚ DEBES SABERLO.
SÓLO VEO CLARO EL FUTURO DE LOS DEMÁS, NO EL MÍO.
PERO ESTE CABALLERO ERA EL MÁS HONORABLE QUE HE CONOCIDO.
AHORA DEBO SUPONER QUE NUNCA SERÁ MÁS QUE UN VILLANO PARA MÍ. CUÉNTAME MÁS.
NO, NO TE MOLESTARÁ. DEMOSTRARÁ SER UNO DE TUS MÁS FERVIENTES PARTIDARIOS...
... AUNQUE JAMÁS SERÁ UNO DE TUS CABALLEROS.
DEDICARÁ TODO SU TIEMPO A BUSCAR A LA BESTIA ERRANTE QUE LO HA ELUDIDO POR AÑOS...

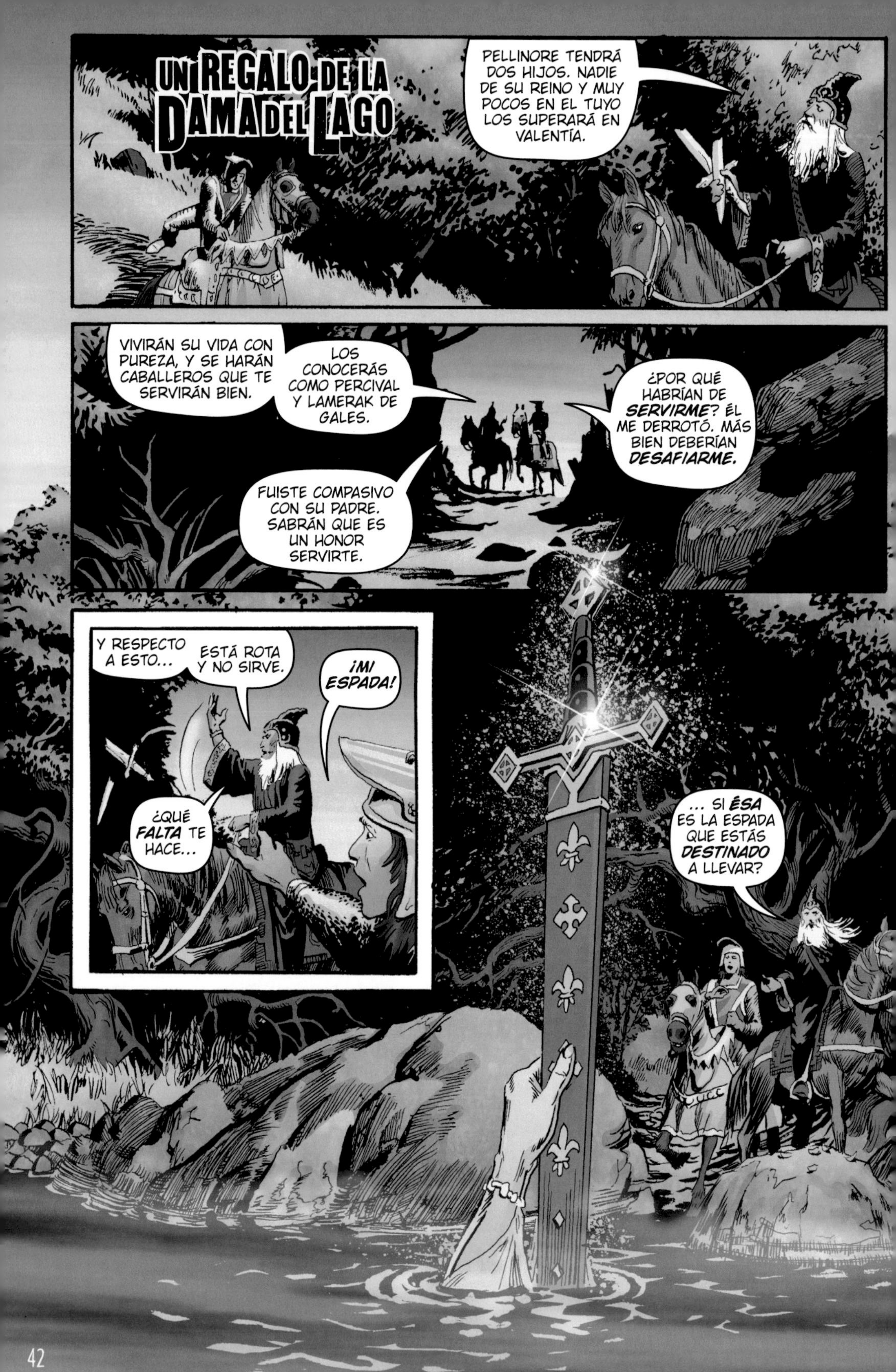
UN REGALO DE LA DAMA DEL LAGO
PELLINORE TENDRÁ DOS HIJOS. NADIE DE SU REINO Y MUY POCOS EN EL TUYO LOS SUPERARÁ EN VALENTÍA.
VIVIRÁN SU VIDA CON PUREZA, Y SE HARÁN CABALLEROS QUE TE SERVIRÁN BIEN.
LOS CONOCERÁS COMO PERCIVAL Y LAMERAK DE GALES.
¿POR QUÉ HABRÍAN DE SERVIRME? ÉL ME DERROTÓ. MÁS BIEN DEBERÍAN DESAFIARME.
FUISTE COMPASIVO CON SU PADRE. SABRÁN QUE ES UN HONOR SERVIRTE.
Y RESPECTO A ESTO...
ESTÁ ROTA Y NO SIRVE.
¡MI ESPADA!
¿QUÉ FALTA TE HACE...
... SI ÉSA ES LA ESPADA QUE ESTÁS DESTINADO A LLEVAR?

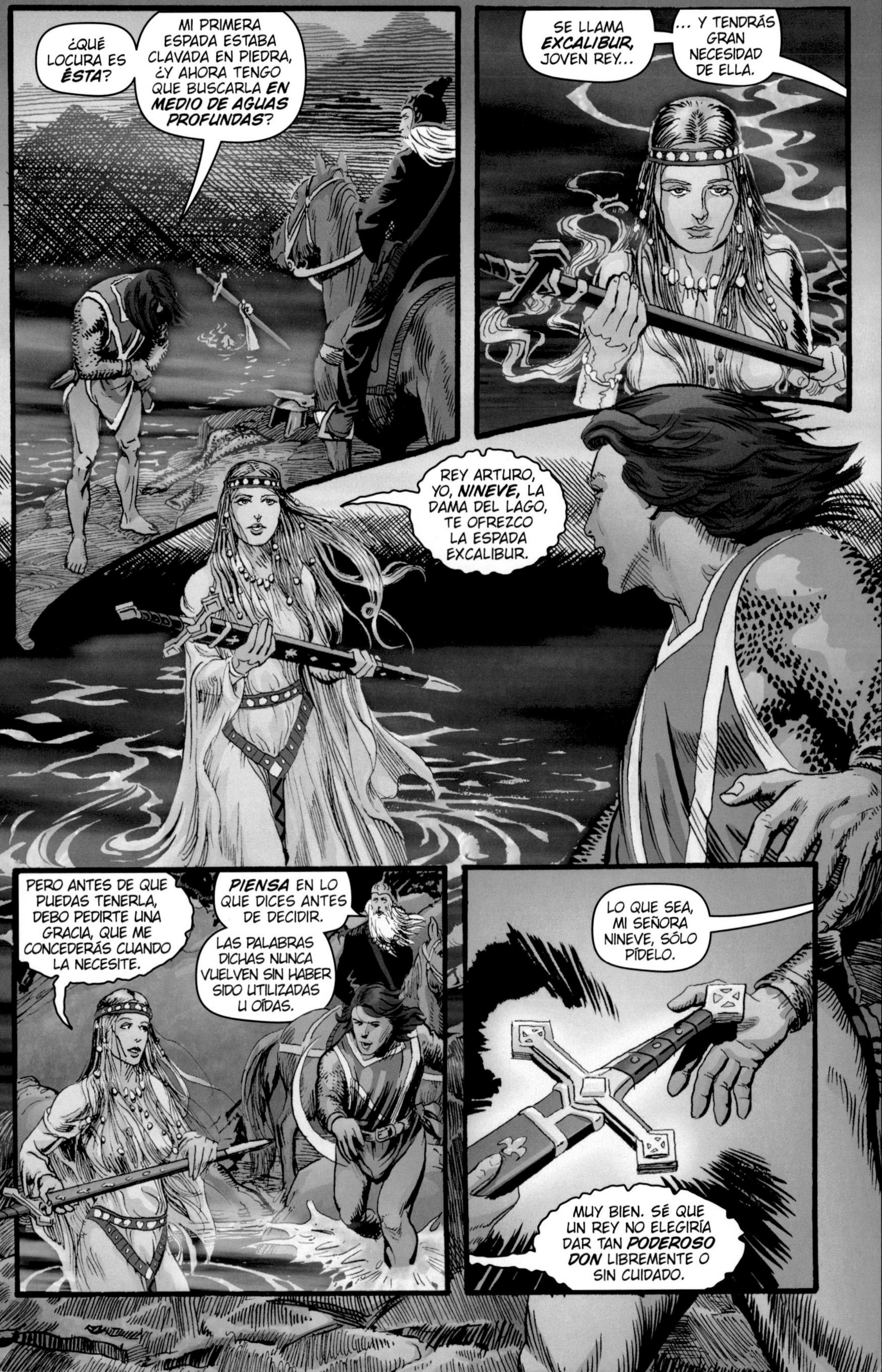
¿QUÉ LOCURA ES ÉSTA?
MI PRIMERA ESPADA ESTABA CLAVADA EN PIEDRA, ¿Y AHORA TENGO QUE BUSCARLA EN MEDIO DE AGUAS PROFUNDAS?
SE LLAMA EXCALIBUR, JOVEN REY...
... Y TENDRÁS GRAN NECESIDAD DE ELLA.
REY ARTURO, YO, NINEVE, LA DAMA DEL LAGO, TE OFREZCO LA ESPADA EXCALIBUR.
PERO ANTES DE QUE PUEDAS TENERLA, DEBO PEDIRTE UNA GRACIA, QUE ME CONCEDERÁS CUANDO LA NECESITE.
PIENSA EN LO QUE DICES ANTES DE DECIDIR.
LAS PALABRAS DICHAS NUNCA VUELVEN SIN HABER SIDO UTILIZADAS U OÍDAS.
LO QUE SEA, MI SEÑORA NINEVE, SÓLO PÍDELO.
MUY BIEN. SÉ QUE UN REY NO ELEGIRÍA DAR TAN PODEROSO DON LIBREMENTE O SIN CUIDADO.

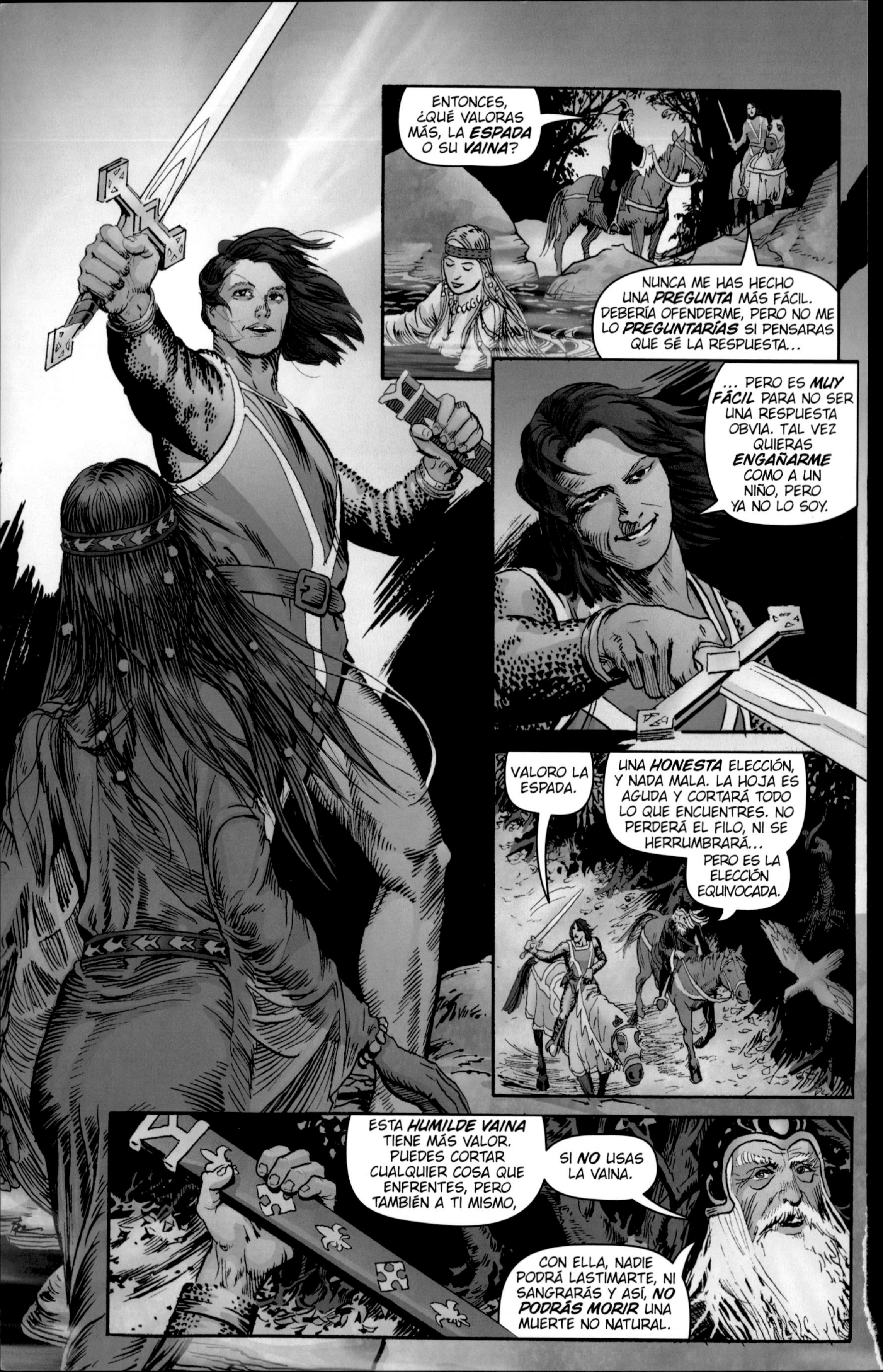

ENTONCES, ¿QUÉ VALORAS MÁS, LA ESPADA O SU VAINA?
NUNCA ME HAS HECHO UNA PREGUNTA MÁS FÁCIL. DEBERÍA OFENDERME, PERO NO ME LO PREGUNTARÍAS SI PENSARAS QUE SÉ LA RESPUESTA...
... PERO ES MUY FÁCIL PARA NO SER UNA RESPUESTA OBVIA. TAL VEZ QUIERAS ENGAÑARME COMO A UN NIÑO, PERO YA NO LO SOY.
VALORO LA ESPADA.
UNA HONESTA ELECCIÓN, Y NADA MALA. LA HOJA ES AGUDA Y CORTARÁ TODO LO QUE ENCUENTRES. NO PERDERÁ EL FILO, NI SE HERRUMBRARÁ...
PERO ES LA ELECCIÓN EQUIVOCADA.
ESTA HUMILDE VAINA TIENE MÁS VALOR. PUEDES CORTAR CUALQUIER COSA QUE ENFRENTES, PERO TAMBIÉN A TI MISMO,
SI NO USAS LA VAINA.
CON ELLA, NADIE PODRÁ LASTIMARTE, NI SANGRARÁS Y ASÍ, NO PODRÁS MORIR UNA MUERTE NO NATURAL.

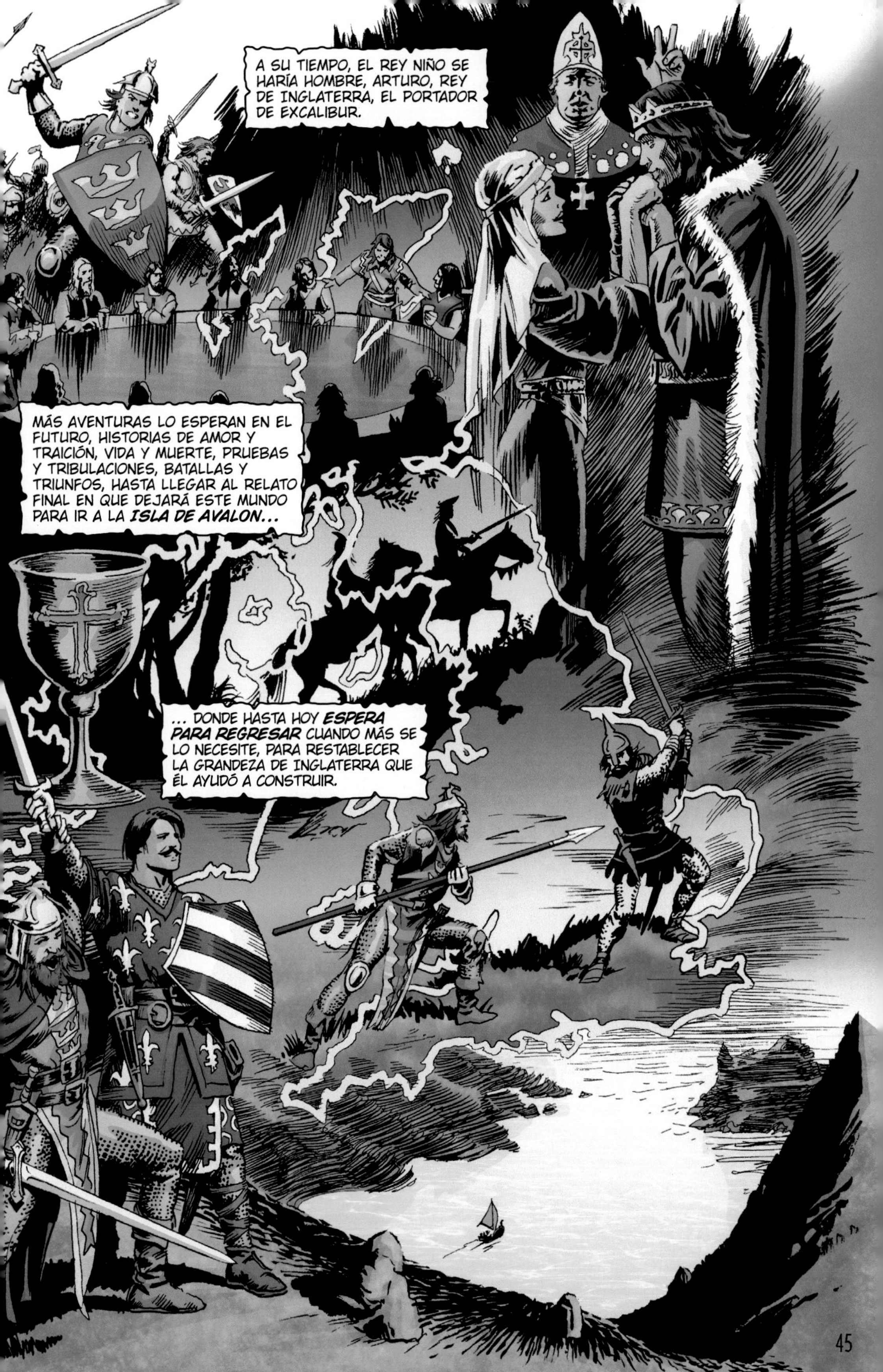
A SU TIEMPO, EL REY NIÑO SE HARÍA HOMBRE, ARTURO, REY DE INGLATERRA, EL PORTADOR DE EXCALIBUR.
MÁS AVENTURAS LO ESPERAN EN EL FUTURO, HISTORIAS DE AMOR Y TRAICIÓN, VIDA Y MUERTE, PRUEBAS Y TRIBULACIONES, BATALLAS Y TRIUNFOS, HASTA LLEGAR AL RELATO FINAL EN QUE DEJARÁ ESTE MUNDO PARA IR A LA ***ISLA DE AVALON...***
... DONDE HASTA HOY ***ESPERA PARA REGRESAR*** CUANDO MÁS SE LO NECESITE, PARA RESTABLECER LA GRANDEZA DE INGLATERRA QUE ÉL AYUDÓ A CONSTRUIR.

GLOSARIO

CABALLERO (EL): soldado a caballo que jura servir lealmente a un lord o gobernante.

CORONACIÓN (LA): ceremonia en la que un rey es coronado y toma posesión de su reino. En Inglaterra, el rey o la reina tradicionalmente recibe la bendición del arzobispo, las vestiduras reales y la corona, que ciñe en su cabeza.

ESCUDERO (EL): joven que trabaja como servidor a modo de entrenamiento para ser caballero. Los escuderos acarreaban los equipos, cuidaban los caballos y llevaban a cabo otras tareas para los caballeros. A cambio, los caballeros les enseñaban a luchar y a cabalgar.

FACCIÓN (LA): grupo dentro de un grupo mayor que lucha contra quienes ostentan el poder. Las facciones también pueden luchar entre sí para obtener poder.

GRACIA (LA): favor concedido en respuesta a un pedido.

JUSTA (LA): lucha a caballo entre dos caballeros o un grupo de ellos. Las justas a menudo eran batallas simuladas que se hacían en los torneos. El objeto era desmontar de su cabalgadura al oponente con una lanza.

LANZA (LA): en las justas, arma larga y de silueta triangular que usaban los caballeros. En los torneos, las lanzas tenían puntas romas, y estaban hechas de madera seca. Se rompían con facilidad sin lastimar a los participantes.

LORD (EL): en Inglaterra, un gobernante o terrateniente con autoridad sobre un grupo de personas.

PABELLÓN (EL): tienda pequeña y transitoria que se levanta para resguardar la armadura y las armas de un caballero durante un torneo.

PICA (LA): lanza corta y pesada utilizada por los soldados de infantería.

SENESCAL (EL): persona que administra las tierras y propiedades de un lord

SEÑOR (EL): un superior, como un lord o un rey, a quien los demás deben lealtad.

TORNEO (EL): serie de justas o batallas deportivas que se llevaban a cabo en un mismo momento y lugar.

VAINA (LA): funda o estuche de una espada o un cuchillo.

WESTMINSTER: área del centro-sur de Inglaterra, que forma parte de la actual ciudad de Londres.

WESTMINSTER, ABADÍA DE (LA): iglesia y monasterio, o sede religiosa, en Westminster, Inglaterra. El monasterio más antiguo del lugar data del siglo X d.C. La Abadía de Westminster es el lugar tradicional de coronación y entierro de los reyes y las reinas de Inglaterra.

LECTURAS ADCIONALES Y SITIOS WEB

Crosley-Holland, Kevin. *The World of King Arthur and His Court: People, Places, Legend and Lore*. Nueva York: Dutton Books, 2004. Esta guía ilustrada brinda información sobre los personajes principales, la vida diaria en un castillo, la caballería y demás aspectos de la leyenda artúrica.

King Arthur and the Knights of the Round Table
http://www.kingarthursknights.com
  Este sitio Web ofrece artículos sobre el Arturo histórico y legendario, un mapa e información sobre los lugares artúricos, obras de arte e historias de los caballeros y otros personajes de la famosa leyenda.

Roberts, Jeremy. *King Arthur*. Minneapolis: Lerner Publications Company, 2001. Este libro analiza tanto al Arturo histórico como literario, y muestra cómo se transformó en héroe legendario.

Steinbeck, John. *The Acts of King Arthur and His Noble Knights*. 1952. Reimpresión, Nueva York: Farrar, Straus and Giroux, 1993. El novelista John Steinbeck cuenta la historia de Le Morte d'Arthur de Malory en la forma de una colección de cuentos.

LA CREACIÓN DE *LA ESPADA EXCALIBUR DESENVAINADA*

Para crear este relato, el autor Jeff Limke adaptó *Le Morte d'Arthur*, escrita alrededor de 1485 por sir Thomas Malory, un caballero inglés. El artista Thomas Yeates utilizó fuentes históricas y tradicionales para dar forma a los detalles visuales del relato, desde los colores heráldicos hasta las construcciones del Londres medieval. En conjunto, el texto y las ilustraciones pintan un retrato del "rey que fue y será": el hombre que salvó a Britania, y según cuenta la leyenda, regresará cuando su país más lo necesite.

Dibujo original a lápiz de la página 8

ÍNDICE

ACERCA DEL AUTOR Y EL ARTISTA

JEFF LIMKE creció en Dakota del Norte, donde por primera vez leyó, escuchó y se maravilló con los relatos de Arturo y sus caballeros. Más adelante enseñó estos relatos durante muchos años, y ha escrito diversas adaptaciones de ellos. Algunos de sus relatos han sido publicados por Caliber Comics, Arrow Comics, y Kenzer and Company. Actualmente, podemos suponer que sigue leyendo historias sobre la leyenda artúrica.

THOMAS YEATES Originalmente de Sacramento, California, Thomas Yeates comenzó su educación artística en la escuela secundaria, y la continuó en la Universidad Estatal de Utah y la Estatal de Sacramento. Luego, fue miembro de la primera clase de la Joe Kubert's School, un programa para aspirantes a dibujante de historietas en Nueva Jersey. El estilo de Yeates muestra profundas influencias de ilustradores de la vieja guardia, como Hal Foster, N. C. Wyeth y Wallace Wood. Ha trabajado como ilustrador para DC, Marvel, Dark Horse y otras compañías, para las que ha dibujado a Tarzán, Zorro, Swamp Thing, Timespirits, Captain America, y Conan, entre otros. También ha editado *Al Williamson: Hidden Lands for Dark Horse.*